大学生
创新创业经营
模拟实践教程

李成钢◎主编

刘卓 马玉 付立娟◎副主编

idea

中国纺织出版社

国家一级出版社
全国百佳图书出版单位

内 容 提 要

《大学生创新创业经营模拟实践教程》作为创新创业类课程的实践指导教材，通过对创业的路径演绎提升创新创业的认知、意识、方法和能力。本书编写以创业过程为教学项目，从创业思考与行动，创业素质认知，创业项目设计与选择，创业团队，创业项目分析，市场调研，产品设计与创新，商业模式设计，市场营销到融资路演。在创业过程中充分考虑思维与文化的适应，个人与组织适应，提供价值与客户需求适应，问题与解决方案适应，产品与市场适应，战略与环境适应。

本书体例设计围绕学习目标，细化知识要点，进行课堂设计，提供相关理论知识链接、拓展阅读及课后思考练习。采取适于教师课堂教学的逻辑和思路，为教师教学和学生学习提供全方位的素材。

本书可以作为高等教育创新创业教育的通用教材，也可作为企业继续教育的培训教材，还可以作为开阔视野，提高兴趣的自学读本。

图书在版编目（CIP）数据

大学生创新创业经营模拟实践教程 / 李成钢主编 . 一北京：中国纺织出版社，2018. 9

ISBN 978-7-5180-5214-1

Ⅰ . ①大… Ⅱ . ①李… Ⅲ . ①大学生—创业—高等学校—教材 Ⅳ . ① G647.38

中国版本图书馆 CIP 数据核字（2018）第 152071 号

策划编辑：顾文卓　　责任校对：寇晨晨　　责任印制：储志伟

中国纺织出版社出版发行

地址：北京市朝阳区百子湾东里A407号楼　　邮政编码：100124

销售电话：010—67004422　传真：010—87155801

http：// www.c-textilep.com

E-mail: faxing@c-textilep.com

中国纺织出版社天猫旗舰店

官方微博http：// weibo.com / 2119887771

天津千鹤文化传播有限公司印刷　各地新华书店经销

2018年9月第1版第1次印刷

开本：710×1000　1 / 16　印张：12

字数：137千字　定价：39.80元

前 言
Preface

"创新是社会进步的灵魂，创业是推动经济社会发展、改善民生的重要途径。"当前，创新创业不再是少数人的专利，而是多数人的机会。特别是在经济发展进入新常态的时代背景下，创新创业已成为引领新常态、实现新发展的强大动力。创新创业作为稳增长的有生力量、调结构的有效方式、惠民生的有益渠道、促改革的有力举措，已经成为时代潮流，汇聚起经济社会发展的强大新动能。让学生树立"终身创新创业观"已经成为一种职场的时代价值观。

面对时代发展的任务和经济社会对创新创业素质和能力培养的需求，教育部、北京市教委出台文件，鼓励进行创新创业教育实践的改革，教育部《国务院办公厅关于深化高等校创新创业教育改革的实施意见》《关于做好 2016 届全国普通高等学校毕业生就业创业工作的通知》《北京市教育委员会关于印发深化高等校创新创业教育改革的实施方案的通知》。

本书作为创新创业类课程的实践指导教材，以创业过程为教学项目，从创业思考与行动，创业素质认知，创业项目设计与选择，创业团队，创业项目分析，市场调研，产品设计与创新，商业模式设计，市场营销到融资路演。在创业过程中充分考虑思维与文化的适应，个人与组织适应，提供价值与客户需求适应，问题与解决方案适应，产品与市场适应，战略与环境适应。

本书体例设计围绕学习目的，细化知识要点，进行课堂设计，提供相关理论知识链接、拓展阅读及课后思考练习。采取适于教师课堂教学的逻辑和思路，为教师教学和学生学习提供全方位的素材。

本书可以作为高等教育创新创业教育的通用教材，也可作为企业继续教育的培训教材，还可以作为开阔视野，提高兴趣的自学读本。

为了更好地实现对创新创业教育的支撑和服务，本书在编写中，邀请了教学一线的主讲教师、学生管理、企业人士以及相关专业的学生参与编写和提供支持。

本书写作组由北京服装学院李成钢副教授牵头组建。全书共分九章。李成钢负责全书的整体策划和统稿。具体分工如下：李成钢、付立娟负责第一章、第二章、第三章内容的编写。李成钢、马玉负责第四章、第五章、第六章内容的编写。刘卓负责第七章、第八章、第九章内容的编写。

本书在编写过程中引用和改编了新道 VBSE 创新创业实训平台、贝腾研究院创业总动员等相关教育培训软件的设计思路和内容，均得到了相关的支持，特表谢意。同时，本书还参考了国内外相关教材、专著、期刊、文献等，因条件所限，未能与有关编著者取得联系，引用与理解不当之处，敬请谅解，并在此致谢。

受各种条件限制，书中难免存在不足之处，恳请专家及读者批评指正。

编者

2018 年 4 月

目 录
Contents

第8章 商业模式设计 / 132

第9章 市场营销和财务融资 / 155

参考文献 / 177

第1章 创业认知与思考

【引言导入】

进入二十一世纪以来，新一轮科技革命和产业变革正在孕育兴起，全球科技创新呈现出新的发展态势和特征。学科交叉融合加速，新兴学科不断涌现，前沿领域不断延伸，物质结构、宇宙演化、生命起源、意识本质等基础科学领域正在或有望取得重大突破性进展。信息技术、生物技术、新材料技术、新能源技术广泛渗透，带动几乎所有领域发生了以绿色、智能、泛在为特征的群体性技术革命。传统意义上的基础研究、应用研究、技术开发和产业化的边界日趋模糊，科技创新链条更加灵巧，技术更新和成果转化更加快捷，产业更新换代不断加快。科技创新活动不断突破地域、组织、技术的界限，演化为创新体系的竞争，创新战略竞争在综合国力竞争中的地位日益重要。科技创新，就像撬动地球的杠杆，总能创造令人意想不到的奇迹。当代科技发展历程充分证明了这个过程。

（资料来源：习近平在中国科学院第十七次院士大会、中国工程院第十二次院士大会上的讲话（2014年6月9日），人民出版社单行本，第5～6页）

【学习目的】

- 理解创业课程开设的意义
- 认知创业定义与内涵
- 感知和思考创业过程和需注意的问题

1

1.1 创业课程开设目的

创业类课程的开设是为了培养"老板"或"企业家"吗？

这是目前开设创业类课程面对的最多的一个问题。答案显然是否定的。因为作为社会职位，企业家和老板是无法在学校内培养出来的。但是通过归纳分析成功企业家的特质和其具备的才能，作为知识和能力储备，交给学员学习和借鉴，这个是可以做到的，培养企业家精神似乎更加合适。

创业课程开设的目的究竟是什么？

教育作为人类社会所特有的经验传递形式，以有意识地影响受教育者的身心发展为目标。创业课程教育的目的是提升认知与意识，掌握方法与提升能力。总的来说，创业课程是通过创业的路径演绎提升创新认知、意识、方法和能力。没错，创业课程开设的目的，不是培养老板，也不是让大家去创业，而是提升学员的创新认知、意识和能力。在创业教育中，创业课程只是达成这个目的的方法、手段和过程演绎。

1.2　创业的界定和内涵

关于创业的界定众说纷纭，很多专家从不同的角度给出了不同的定义。

机会价值说认为，"创业是识别并捕捉商业机会，从而实现潜在价值及创造价值的过程"。

核心要素说认为，"创业是通过利用人力、资本、机会、资源等要素来进行经营管理的活动"。

财富目的说认为，"创业是以进行有偿经营、通过开展商业活动而实现盈利目的的经济活动"。

风险管理说认为，"创业是一种高风险的创新活动，因此要合理地进行风险防范和管理，从而规避和化解风险"。

组织创新说认为，"创业是创建新企业、新团队，并通过组织创新而实现新业务的过程"。

根据我们对创业类课程的认识，本书更加倾向于霍华德．H．史蒂文森的观点，即创业是指个人或组织不拘泥于当前资源条件的限制对机会的追寻，将不同的资源组合，以利用和开发机会并创造价值的过程。

首先，创业的本意在于不受当前资源条件的限制对机会的捕捉利用，代表一种以创新为基础的做事方式与思考方式。

其次，创业需要发掘机会，并组织资源建立新公司或开展新事业，进而提供市场新的价值。

然后，创业活动突出表现在机会导向、创新的强度、创造价值的程度以及对社会的贡献方面。

【课堂设计】

课堂设计一：认知创业《母鸡，蛋与钱》（根据《创业总动员》的模块内容改编），见图1-1。

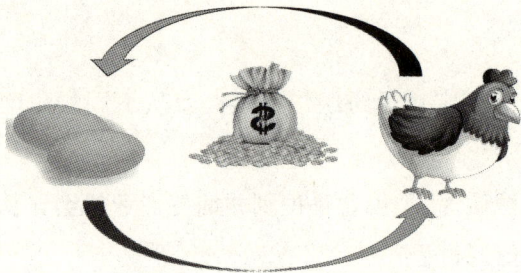

图1-1 《母鸡，蛋与钱》

设计目的：

（1）让学员感知创业，体验创业中的资源、机会、风险和价值创造；

（2）在游戏中创新方式方法。

道具：一支笔和一张纸。

设计简介：改编于贝腾创业研究院开发的基于计算机系统的创业教育严肃游戏——母鸡，蛋与钱，游戏通过选取人们日常生活中最熟悉的元素，以创业过程中的资源、机会、价值为主线，构建出一个学习者之间可以资源交易、资源转换、机会与风险并存、并能最终创造价值的虚拟创业环境。本实验基于上述设计，把虚拟的创业环境，还原为现实交易，笔和纸的主要用于实物计价。

设计逻辑：

· 鸡与钱生产出蛋。

· 蛋与钱孵化出鸡。

· 钱借出获得利息。

· 鸡卖出获得钱。

• 蛋卖出获得钱。

见图 1-2。

图1-2　游戏简介图

设计介绍：

以现金及未收回贷款金额为准，大家可与任何其他人发生任何交易，在实验进行过程中任意走动及与他人交流，更多细节规则以实验系统内的实际规则为准。

初始设定：

• 2 元一个鸡蛋；50 元一只母鸡

• 一只鸡每一轮可以下蛋 1 个——成本 0.5 元

• 一个蛋两轮可以孵化一只鸡——成本 5 元

• 每次交易成本设定为 1 元

• 老师这里可以贷款，共有资金 1000 元。贷款利息：10%。

资源分配：

每位创业者将随机得到唯一的创业资源，价值 100 元。

或 100 元现金；

或 50 个鸡蛋；

或 2 只母鸡。

学员在开始游戏之前，把纸进行分割，按照前述条件设计出不同面值的纸币或者蛋、鸡，注意考虑到纸币的大小面额。

说明：课堂设计过程中，教师要注重引导。以下列举教师引导的几个方面提供参考。

引导一："创业资源的认识"

问题：

（1）本实验项目中，有哪些资源可以利用？请大家一起罗列。

（2）本实验项目中，请大家讨论获得哪一种初始资源更具有优势？

（3）本实验项目中，请部分同学分享突破资源瓶颈的经验。

教师引导：

• 创业活动是不拘泥于现有资源的行动。

• 创业资源是可以按创业者自身发展意图而发生可喜变化的

• 在资源匮乏或不足的环境下，创业者更需要付诸行动

引导二："创业机会的认识"

问题：

（1）本实验项目中有哪些机会，请大家一起罗列。

（2）本实验项目中哪些机会最容易获得，哪些机会最难获得？

（3）本实验项目中，请部分同学分享突破资源瓶颈的经验。

教师引导：

• 创业机会每天都围绕于我们身边，需要每位创业者用心思考，用心发现。

• 机会永远只给予有准备的人。

• 机会往往与风险相伴而来，把握机会的同时还需尽力避开风险。

• 机会需要我们积极主动挖掘甚至创造。

引导三："创业中的价值创造"

问题：

（1）本实验项目中有哪些地方可以创造价值，请大家一起罗列。

（2）本实验项目中哪种活动最容易创造价值？哪些活动较难获得价值创造？

（3）本实验项目中，如何看待最终各自手中的资源的价值？

教师引导：

• 创业资源在转换过程中会发生资源价值的损益变化，创业者需

要综合判断与分析这种损益情况。

·创业价值不仅仅是狭隘的获取利润的话题，广义的创业价值包含了给客户创造的价值、为员工带来的发展价值、为股东创造的经济价值，以及为国家社会创造的社会价值等。

·如果要严谨的计算一个创业活动创造的价值回报，我们还需要掌握基础的财务知识。

课堂设计二：认知创业《博弈游戏》

游戏内容：现在每个人有 100 元现金，如果你认为你有把握在与其他人的博弈中获胜，那么你就去说服其他人，把钱投资给你，当金额在 500 元以上，则可以获得博弈资格。在博弈期间，如果你赢了，所有给你投资的人包括你自己金钱翻一倍；如果输了，你及你的投资人将倾家荡产。你也可以选择将钱投资给你信任的人，或者选择不投资。

游戏规则：一副扑克牌，两人以猜拳的方式决定谁先拿牌，每次只能拿 1～4 张牌，谁拿到了最后一张牌，谁就输。

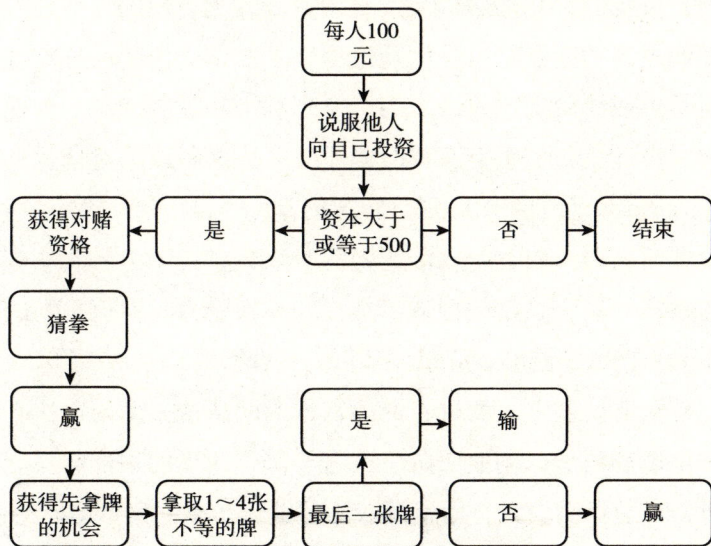

图1-3　游戏示意图

游戏完成后，通过回顾游戏的各个环节，请同学分享和回答：

（1）创业资源；

（2）产品设计；

（3）创业方法；

（4）资金融通。

【知识链接】

知识链接一：蒂蒙斯创业过程模型

蒂蒙斯创业过程模型，是一种商业模型。由美国百森商学院杰弗里·蒂蒙斯（Timmons）提出。他认为，成功的创业活动必须对机会、创业团队和资源三者进行最适当的匹配，并且还要随着事业的发展而不断进行动态平衡。创业过程由机会启动，在创业团队建立以后，就应该设法获得为创业所必需的资源，这样才能顺利实施创业计划。

蒂蒙斯认为，商业机会是创业过程的核心要素，创业的核心是发现和开发机会，并利用机会实施创业。因此，识别与评估市场机会是创业过程的起点，也是创业过程中的一个关键阶段。资源是创业过程不可或缺的支撑要素，为了合理利用和控制资源，创业者往往要制定设计精巧、用资谨慎的创业战略，这种战略对创业具有极其重要的意义。而创业团队则是实现创业这个目标的关键组织要素。

蒂蒙斯认为，创业者或创业团队必须具备善于学习、从容应对逆境的品质，具有高超的创造、领导和沟通能力，但更重要的是要具有柔性和韧性，能够适应市场环境的变化。

在蒂蒙斯模型中，商机、资源和创业团队这三个创业核心要素构成一个倒三角形，创业团队位于这个倒三角形的顶部。在创业初始阶段，商业机会较大，而资源较为稀缺，于是三角形向左边倾斜；随着新创企业的发展，可支配的资源不断增多，而商业机会则可能会变得相对有限，从而导致另一种不均衡。创业者必须不断寻求更大的商业机会，并合理使用和整合资源，以保证企业平衡发展。机会、资源和创业团队三者必须不断动态调整，以最终实现动态均衡。这就是新创企业的发展过程。

蒂蒙斯认为，在创业过程中，由于机会模糊、市场不确定、资本市场风险以及外部环境变化等因素经常影响创业活动，致使创业过程充满了风险，因此，创业者必须依靠自己的领导、创造和沟通能力来发现和解决问题，掌握关键要素，及时调整机会、资源、团队三者的组合搭配，以保证新创企业顺利发展。

蒂蒙斯创业理论中，创业过程模型是目前公认的创业管理理论，其他理论都是在此基础上的补充、完善与量化。

总而言之：

（1）创业过程是由机会驱动、团队领导和资源保证的；

（2）创业过程依赖于机会、创业团队和资源这三个要素的匹配和平衡；

（3）创业过程是连续的寻求平衡的行为组合。

以上结论简单来说就是：任何创业活动，三要素都是缺一不可的；创业的长久之道是动态把握创业过程，抓住创业过程的关键点，踩准创业节奏。

（资料来源：http：//www.www.baike.com）

（推荐其原著《新企业的创建》（*New Venture Creation*），1999）

知识链接二：萨尔曼创业模型

萨尔曼在 *Some Thoughtson Business Plan，The Entrepreneurial Venture* 一文中提出了自己的创业模型。萨尔曼认为，在创业过程中，为了更好地开发商业机会和创建新企业，创业者必须把握人、机会、外部环境和其自身的交易行为四个关键要素。

（1）人是指为创业提供服务或者资源的人，包括经理、雇员、律师、会计师、资金提供者、零件供应商以及与新创企业直接或间接相关的其他人。

（2）机会是指任何需要投入资源的活动，不但包括亟待企业开发的技术、市场，而且还包括创业过程中所有需要创业者投入资源的事务。

（3）外部环境是指无法通过管理来直接控制的因素，如资本市场利率水平、相关的政策法规、宏观经济形势以及行业内的进入威胁等。

（4）创业者的交易行为是指创业者与资源供应者之间的直接或间接关系。Sahlman创业模型的核心思想是要素之间的适应性，即人、机会、交易行为与外部环境能否协调整合、相互促进。环境处于模型中心，影响着其他三个创业要素，同时其他三个创业因素也会反过来影响环境。考虑交易行为因素也是该模型的一个重要特点，它明确指出了社会网络对创业的重要性。

根据该模型我们可以很清晰地识别出成功创业的特点，即配置良好的人力资源，拥有所需要的知识和技能的管理团队，拥有盈利前景良好的商业模式，容易获得利润又能防止被模仿，市场环境良好，交易方式能够给所有利益相关者以充分的激励等。这个模型扩大了创业要素的外延，更具实践指导意义，同时也为创业过程的研究开辟了新视野。

（资料来源：http：//wiki.mbalib.com）

知识链接三：盖特纳创业模型

盖特纳创业模型是盖特纳认为创业就是新组织的创建过程，也就是将各个相互独立的行为要素组成合理的序列并产生理想的结果。在该模型中，新企业创业主要有以下四个维度：

（1）创立新企业的个人即创业者。盖特纳认为创业者个人需要具有诸如获取成就感的渴望、善于冒险以及有丰富的经历等特质。

（2）所创建的新企业的类型即组织。该维度包括了内部的机构以及组织战略的选择等多项变量。

（3）新企业所面临的环境。主要指对创业活动产生影响的外部因素，包括技术因素、供应商因素、政府因素、大学因素、交通因素、人口因素等。

（4）新企业创立的过程。主要包括发现商业机会、集聚资源、开始产品的生产、创业者建立组织以及对政府和社会做出回应等步骤。

盖特纳模型认为任何新企业的创立都是这四个要素相互作用的结果，只有充分研究这四个变量，并深入探究每个变量的维度与其他各个变量的维度的相互作用关系，才能够充分诠释新企业创建的全面性和复杂性。该模型主要回答了新企业如何创建这一问题，为新创企业提供了可供参考的一个动态发展模型。

（资料来源：http：//wiki.mbalib.com）

【拓展阅读】

《三国杀》创业案例

桃园结义

正如《三国演义》中刘备的霸业始于"桃园三结义"一样，《三国杀》的成功，同样得从三个人说起。

早在 2004 年清华大学计算机系 99 级博士生杜彬就从一个瑞典朋友那里了解到了桌游在欧美的风行，他相信，这个趋势同样会在中国出现。2007 年博士毕业的杜彬在面对进入 IBM 研究院工作、加入私募基金公司的创业团队和自己创业三条道路的选择时，他认为后两者"做出大事的概率比较大"，而桌游则将成为中国一个新的产业，但杜彬却缺乏一个足以撬动市场大门的桌游产品。

与此同时，中国传媒大学的两个04级本科学生——黄恺和李由，正在淘宝网上销售自己自制的卡牌桌游《三国杀》——这是一个在规则上模仿国外桌游产品《BANG！》的兴趣之作。当杜彬玩到这款充满"三国味"的游戏时，他发现自己或许找到了打开桌游市场的钥匙。于是杜彬很快在淘宝上找到了黄恺和李由，将这款游戏商业化，成为他们共同的目标。

中国式改良

要进行商业化，光有钥匙还远远不够，系统的中国式改良成为当务之急。为此，他们找来各种版本的三国故事，试图将武将与其特有的技能进一步融合。例如，张飞被设定成了一个能不停进行攻击的猛将，他的技能"咆哮"，则出自长坂桥头独退曹操大军的那声暴喝。貂蝉则因为"连环计"的故事，获得了挑拨两名男性角色决斗的"离间"技能。此外，《BANG！》当中诸如"印第安人入侵"之类的"特别牌"也被具有三国特色的"锦囊牌""南蛮入侵"所取代，西部牛仔们使用的各种枪械变成了三国战将们手中的"丈八蛇矛""青龙偃月刀"。

中国式改良的另一个目标是：让《三国杀》走出《BANG！》的阴影。为此，他们改变了《BANG！》以出牌策略为核心的游戏模式，强化了武将技能的作用，使得《三国杀》拥有了更丰富的人物数量和技能。此外，在锦囊和武器的设计上，《三国杀》也超越了《BANG！》，逐渐发展成为一个独特的体系。

2007年年底，在经过反复研究和改进后，《三国杀》日渐成型，并开始推出小规模试水的"推广版"，首印5000套。与此同时，投资5万元的游卡桌游工作室成立，2008年11月工作室进化为游卡桌游文化发展有限公司，中国的桌游业打开了一个新时代。

"病毒"流行式

推广版的《三国杀》很快销售一空，这让年轻的游卡桌游有了更大的底气。然而，小小的游卡却面临一个关键的问题：缺钱！因为没有钱，他们没法像别的游戏公司那样做宣传，于是低成本的病毒式营销成了他们无奈的选择。

为了使"《三国杀》病毒"尽快繁殖，选择传播欲望强、传播能力好的核心客户至关重要。游卡准确地将目标客户设定为高校学生和年轻白领，定期到北京各大高校和IT、金融企业内组织《三国杀》

活动和比赛。掌握了这两个核心群体，《三国杀》在北京迅速风行。

当初的推广版也为《三国杀》的病毒式营销收集了宝贵的信息。例如，不少人认为推广版的 64 元定价偏高，因此游卡迅速将后续推出的《三国杀》标准版定价下调到 30 元。玩家普遍反映推广版中刘备、孙权太强，标准版则将他们削弱——这不仅改善了游戏的平衡性，更让玩家获得了极强的参与感，加深了玩家的黏着度。就连规则说明书的用语也根据玩家的阅读和理解习惯做出了调整。

2009 年 7 月底，第七届中国国际数码互动娱乐展览会（ChinaJoy）在上海开幕。此时，游卡桌游的财务状况已明显好转，这让他们有了第一次在宣传上的"大投入"——在 ChinaJoy 的三天展期中，向前来参观的游戏爱好者赠送了 600 套《三国杀》，算上展费和人工费用，总投入约 5 万元。

到 2009 年年底，《三国杀》在上海的市场规模已经超过了北京。然而，叩开全国市场的大门还只是《三国杀》成功的第一步，占领用户心智之举，则真正奠定了《三国杀》的霸主地位。由于中国市场尚在启蒙阶段，懵懂的玩家往往把《三国杀》和桌游等同起来，这让游卡有了垄断玩家心智的机会。而"先入为主"更是让玩家们对其他类似游戏产生了强烈的排斥心理，玩家的惯性和对于自身"老玩家"身份的执着，成为竞争对手面前高耸的市场壁垒。

2009 年，《三国杀》销量迎来了爆炸式增长，共售出游戏 40 余万套，销售额超过 1000 万元。而在欧美地区，一款桌游产品成功的标准不过是销售 2000 套。

借力盛大

在杜彬的记忆里，当年红火一时的桌游《强手棋》死在了电脑游戏《大富翁》的手中，因此《三国杀》必须拥有与线下版相辅相成的网络版。线下版引爆市场，突出依附在娱乐上的社交性；网络版则增加用户黏着度，同时解决玩家"一个人不能玩"以及各地玩家对规则理解存在差异的难题。

然而，从 2009 年上半年开始，尽管《三国杀》的用户与日俱增，寻求网游公司合作的工作却四处碰壁，网游圈的大佬们认为《三国杀》规则过于复杂，根据他们的经验，一个上手如此之难的网游几乎毫无市场前景可言。

正在一筹莫展之际，2009 年 4 月一天上午，杜彬突然接到了盛大一个"18 基金"经理的电话，他的目的很简单："我们想投资你们，你们有什么要求？"

几小时过后，又一个"18 基金"的基金经理打来电话，同样想要投资。当天晚上，当杜彬接到了第三名"18 基金"经理的电话时，他意识到：他们的伯乐到了！

原来，在"18 基金"的一次策略会上，桌游被盛大视为非常值得投资的新兴热点行业。而这三个基金经理都不约而同地把游卡和《三国杀》当成了最值得投资的桌游项目。

2009 年 6 月和 2010 年年初，两笔合计超过两千万元的投资先后到位，游卡桌游文化发展有限公司解决了资金困难问题，盛大则获得了该公司的控股权。

有了盛大的资金支持，游卡再次迈向了新的高度。开放性的"设计师俱乐部"开始面向一切热爱桌游的人征集创意，组织培训，甚至开始投资于一些拥有出色创意的小型桌游工作室。

同时，初具雏形的《三国杀 Online 版》的研发和运营重心开始逐渐向盛大的专业网游团队倾斜，杜彬表示，网络版的运营最终会交给盛大，游卡则从收入中分成。

此外，杜彬和黄恺认为游卡每年应至少推出 10 款不同类型的桌游产品，丰富产品线，从而降低对《三国杀》的依赖。他们还学习网游的"资料片升级"模式，持续推出《三国杀》的后续升级版本。所有的升级版都以标准版为基础，既提升了标准版的可玩性，又延长了产品寿命，使《三国杀》的商业价值得以再度提升。

优化客户体验、塑造品牌形象的计划也悄然展开。品牌认证、渠道改良、客户体验创新——作为行业的开创者和领导者，游卡迈出了更为坚实的脚步。

【思考练习】

（1）当下谈创新创业有哪些意义？

（2）创业需要具备哪些条件？

（3）从前面的创新创业的案例和模型中，你受到了哪些启发？

第2章 创业者素质认知

【引言导入】

知人者智，自知者明。在创业的过程中，需要不断进行思考和反思，尤其是对自我的完善和创业团队的管理，都需要对创业者及其团队的素质、性格等方面有清醒的认识。创业者需要有强烈的创业意识、良好的创业心理品质、竞争合作意识、自信、自强、自主、自立创业精神、全面的创业能力素质等，这些方面能够影响创业活动的效率和创业的成功。

在比尔·盖茨看来，成功的首要因素就是冒险，有冒险才有机会，正是有风险才使得事业更加充满跌宕起伏的趣味。

乔布斯以他的创新精神赢得了产业界的尊重。"创造力是桥梁和纽带。"乔布斯坚信桥梁和纽带的创新一定要进行跨界，一定要从其他行业寻找灵感。无论是电话簿、冥想、访问印度、钢琴等，都可以成为乔布斯的创新灵感源泉。

丁磊每天都在关心新的技术，密切跟踪 Internet 新的发展，每天工作 16 个小时以上，其中有 10 个小时是在网上，年纪轻轻的他一手创办了网易并持有 58.5% 的股份。

新东方的创业团队类似于唐僧的取经团队。徐小平、王强、包凡一等这些人个个都是能人、牛人，个个都是"孙悟空"，每个人都很有才华，且个性独立。俞敏洪敢于选择这帮牛人作为创业伙伴，并且真的在一起做成了大事，成就了一个新东方传奇，从这一点来说，他是一个成功的创业团队领导者。

在马云看来，人必须要有自己坚信不疑的事情，他说，自己坚信的是，互联网会影响中国、改变中国，中国可以发展电子商务，而电子商务要发展，则必须先让网商富起来。

华为总裁任正非是一个危机意识极强的企业家，当华为渡过了死亡风险极高的创业期，进入快速发展轨道的时候，他已经敏感地意识到了华为的不足。1997 年圣诞节，任正非走访了美国 IBM 等一批著名高科技公司，清晰地看到了差距。回到华为后不久，一场持续五年的变革大幕开启，为华为国际化作了充分准备。

李嘉诚，从早年创业至今，一直保持着两个习惯：一是睡觉之前一定要看书，非专业书籍，他会抓重点看，如果跟公司的专业有关，就算再难看，他也会把它看完；二是晚饭之后，一定要看十几二十分钟的英文电视，不仅要看，还要跟着大声说，因为"怕落伍"。他说"我喜欢看书，什么书都看，这对我都有用，今天有用，明天也有用。所以，很多大事发生的时候，我也能解决"。

张朝阳就读麻省理工时，发现美国随处可见的都是"硅谷"式的创业方式，这激发了他回国创业的热情，他认识到互联网经济极为惊人的商业和社会价值，于是下定了创业的决心。当他看到 Internet 的机遇时，感觉到应该是创业的时候了。张朝阳联系到了 ISI 公司，想做 ChinaOnline（中国在线），用 Internet 搜集和发布中国经济信息，为在美国的中国人或者对中国感兴趣的人服务。

【学习目的】

- 认知创业者应具备的素质
- 认知自我创业素质
- 认识到创业的始终，认知自我和识别他人的重要性

2.1　素质

素质是一个人在社会生活中思想与行为的具体表现。素质是生于内而显于外的。

素质主要表现为文化水平、身体健康程度、惯性思维、洞察力、智商、情商以及相关的职业技能等的综合表现。

一般来讲，素质可以分成自然素质、心理素质和社会素质；也可以包括政治素质、思想素质、道德素质、业务素质、审美素质、劳技素质、身体素质、心理素质等。

关于素质，一方面，素质具有相对稳定性，即一旦形成就具有内在的相对稳定的特征；另一方面，素质可以发展与完善，即可以通过后天环境和教育影响来不断发展。

2.2　创业者素质

创业者的素质可以分为心理素质、身体素质、知识素质和能力素质等方面。具体包括：

创业意识。强烈的创业意识，能够帮助创业者克服创业道路上的各种艰难险阻，并将创业目标作为自己的人生奋斗目标。

创业心理品质。处变不惊的良好心理素质和愈挫愈强的顽强意志，能够帮助创业者在创业的道路上自强不息、顽强拼搏，闯出属于自己的一番事业。

竞争合作意识。敢于竞争、善于竞争的创业者在面临充满压力的市场时，才能取得成功。竞争的同时应注意寻求合作，拥有好的合作伙伴可以使你降低风险，获取资源，从而更易于获得成功。

创业精神。自信、自强、自主、自立。自信赋予人主动积极的人生态度和进取精神；自强使人敢于实践，不断增长自己各方面的能力与才干；自主使人具有独立性思维能力，善于设计和规划自己的未来；自立使人凭自己的能力建立起自己生活和事业的基础。

创业能力素质。创业能力包括决策能力、经营管理能力、专业技术能力与交往协调能力。决策能力是创业者根据主客观条件，因地制宜，正确地确定创业的发展方向、目标、战略以及具体选择实施方案的能力。经营管理能力是指对人员、资金的管理能力。专业技术能力是创业者掌握和运用专业知识进行专业生产的能力。交往协调能力是指能够妥善地处理与公众（政府部门、新闻媒体、客户等）之间的关系，以及能够协调下属各部门成员之间关系的能力。

【课堂设计】

课堂设计一：案例分析——《褚时健的橙王之路》

目的：通过成功的创业案例，让学生了解创业者应该具备的素质。

2002 年，褚时健投身冰糖橙行业时，云南的冰糖橙市场已经饱和。但当他吃到来自澳洲的进口橙子时，就想创建自己的品牌。

熟悉褚时健的人说，这就和当年他看到国外的著名香烟品牌万宝路时的反应一样，一个劲儿地想要创造中国自己的高档香烟品牌。

白手起家困难重重。褚时健年年都会遇到不同问题，果树不是掉果子，就是果子口感不好。他买来书店所有关于果树种植的书，一本一本地看。

后来橙子不掉了，但口感淡而无味，既不甜也不酸，褚时健就半夜 12 点爬起来看书，经常弄到凌晨三四点，最后得出结论，一定是肥料结构不对。

作为一个标准的技术型企业家，褚时健学习能力强，对技术要求严苛，实实在在提高产品品质，扎扎实实做东西，他还经常戴着草帽，穿着拖鞋，为了寻找水源而一天爬几个山头。

他给每棵树定标准，产量上定个数，说收多少果子就收多少，果子太多会影响质量，所以，多出的果子他不要。这样一来，果农一见到差点的果子就主动摘掉，从来不以次充好。

他还制定了激励机制，一个果农只要任务完成，就能领到 4000 元工资，质量达标，再领 4000 元，年终奖金两千多元，一个农民一年能领到一万多元，比到外面打工挣钱还多。

核心问题： 在褚时健身上体现了创业者的哪些素质？

分析逻辑：

第一步，学生发散讨论；

第二步，教师引导；

第三步，总结创业者应具备的创业素质，紧扣本章主题。

教师引导：

• 案例中创业意识的表现。

• 案例中身体素质的表现。

• 案例中学习能力的表现。

• 案例中管理能力的表现。

课程设计二：先天特质解析

设计目的： 认知自我，识别他人。在创业和从业的过程中，寻找合适的团队成员和与团队成员和谐的共处很重要，这需要对人的性格和习惯有较为深刻的了解。本部分内容根据新道公司"先天特质沙盘"的内容进行改编。人的性格具有复杂性，引入这部分内容的目的，不是向学生灌输该分类的正确性，重点是让学员知道，在创业的过程中，要不断地反思自我和了解他人。

课堂设计三：特质测试，自己回答以下问题，从 1～5 分打分

（1）你做事值得信赖吗？

（2）你个性温和吗？

（3）你有活力吗？

（4）你善解人意吗？

（5）你独立吗？

（6）你受人爱戴吗？

（7）做事认真且正直吗？

（8）你富有同情心吗？

（9）你有说服力吗？

（10）你大胆吗？

（11）你做事精确吗？

（12）你适应能力强吗？

（13）你组织能力好吗？

（14）你是否积极主动？

（15）你害羞吗？

（16）你强势吗？

（17）你镇定吗？

（18）你勇于学习吗？

（19）你反应快吗？

（20）你外向吗？

（21）你注意细节吗？

（22）你爱说话吗？

（23）你的协调能力好吗？

（24）你勤劳吗？

（25）你慷慨吗？

（26）你小心翼翼吗？

（27）你令人愉快吗？

（28）你传统吗？

（29）你亲切吗？

（30）你工作足够有效率吗？

结果归类：

把第（5）（10）（14）（18）（24）（30）题的分加起来就是你的"老虎"分数；

把第（3）（6）（13）（20）（22）（29）题的分加起来就是你的"海豚"分数；

把第（2）（8）（15）（17）（25）（28）题的分加起来就是你的"企鹅"分数；

把第（1）（7）（11）（16）（21）（26）题的分加起来就是你的"蜜蜂"分数；

把第（4）（9）（12）（19）（23）（27）题的分加起来就是你的"八爪鱼"分数。

结果分析：

每个人都是具有多种特征的综合体，分析出得分最高的作为表现出来的主要性格特征。

（1）"老虎"性格特征分析：

履次出击—勇于尝试

饿时找大目标—胸怀大志

独自猎食—相信自己

综合分析：

强势的领导者

致力于推动驱使

言行切中要害

强有力的沟通者

排忧解难者

宏观倾向

喜好冒险

主动掌控的态度

（2）"海豚"性格特征分析：

随船嬉戏—不怕陌生

怕孤独、好群栖—呼朋引伴

学人唱歌—表达力强

综合分析：

有效的沟通者

有说服力

善于激励

乐观

善于协调

友善

热忱

擅长调和

（3）"企鹅"性格特征分析：

动物特性：无侵略性、可爱、在寒冷的环境中生活、群居、共同合作生活、集体取暖、围圈、外面的实在太冷了才往里挤；在陆地上走得很慢，到了海里可以游 40 公里，公企鹅孵蛋 60 天。

综合分析：

有耐心

有恒心

步调谨慎

稳健

随和

富合作精神

追求和谐

温暖热情

（4）"蜜蜂"性格特征分析：

动物特性：组织严密，阶层划分得很清楚，分工具体，各守本分，连蜂巢的规格都很整齐，一磅蜂蜜，距离很远，绕地球4圈；小翅膀大身体，飞得灵活，发现蜂蜜后会画圈，告诉同伴多远，多少，什么蜂蜜集体行动，对细节的关注；食物不够时，雄峰被驱逐出去，强烈的判断。

综合分析：

以系统为导向

追求精确

细心谨慎

细致周详

完美主义

注意观察

可信赖

传统

（5）"八爪鱼"性格特征分析：

动物特性：眼睛一大一小，小眼在水浅时看，大眼在深海里看，远近判断不准。触角可以再生，2个月就可以长出来。喜欢在洞穴中，怕强光，喷墨汁，模糊敌人的视觉和嗅觉。

综合分析：

中庸哲学

面对新的人、事、主题

不会轻易表达意见

不停地搜集讯息与观察

面面俱到

做人因周到，而令人感到贴心

做事因周密，而面面俱到

多面向

博学多闻，不一定专精

可同时进行多项工作

小组讨论：

第一环节：

（1）每个人的典型性格自我分析

（2）互相交流

（3）整理身边的故事（每种性格特征一个，也可以 2 种特征组合成 1 个）

第二环节：

过去的学习和生活中：

你遇到过哪些问题或矛盾，可以用人格特质理论解释。

由小组推荐一名同学陈述，包括问题、案例和解决方法。

【知识链接】

知识链接一：赫兹伯格的双因素激励理论

双因素理论（Two Factor Theory）又叫激励保健理论（Motivator-Hygiene Theory），是美国的行为科学家弗雷德里克·赫茨伯格（Fredrick Herzberg）提出来的，也叫"双因素激励理论"。双因素激励理论是他最主要的成就，在工作丰富化方面，他也进行了开创性的研究。

20 世纪 50 年代末期，赫茨伯格和他的助手们在美国匹兹堡地区对二百名工程师、会计师进行了调查访问。访问主要围绕两个问题：在工作中，哪些事项是让他们感到满意的，并估计这种积极情绪持续多长时间；又有哪些事项是让他们感到不满意的，并估计这种消极情绪持续多长时间。赫茨伯格以对这些问题的回答为材料，着手去研究哪些事情使人们在工作中快乐和满足，哪些事情造成不愉快和不满足。结果他发现，使职工感到满意的都是属于工作本身或工作内容方面的；使职工感到不满的，都是属于工作环境或工作关系方面的。他把前者叫作激励因素，后者叫作保健因素。

赫茨伯格（Herzberg）的双因素理论和马斯洛的需要层次理论、麦克利兰的成就激励理论一样，重点在于试图说服员工重视某些与工作有关绩效的原因。它是目前最具争论性的激励理论之一，也许这是因为它具有两个独特的方面。首先，这个理论强调一些工作因素能催生满意感，而另外一些则只能防止产生不满意感；其次，对工作的满意感和不满意感并非存在于单一的连续体中。

赫茨伯格通过考察一群会计师和工程师的工作满意感与生产率的关系，通过半有组织性的采访，他积累了影响这些人员对其工作感情的各种因素的资料，表明了存在两种性质不同的因素。

第一类因素是激励因素，包括工作本身、认可、成就和责任，这些因素涉及对工作的积极感情，又和工作本身的内容有关。这些积极感情和个人过去的成就，被人认可以及担负过的责任有关，它们的基础在于工作环境中持久的而不是短暂的成就。

第二类因素是保健因素，包括公司政策和管理、技术监督、薪水、工作条件以及人际关系等。这些因素涉及工作的消极因素，也与工作的氛围和环境有关。也就是说，对工作和工作本身而言，这些因素是外在的，而激励因素是内在的，或者说是与工作相联系的内在因素。

从某种不同的角度来看，外在因素主要取决于正式组织（例如薪水、公司政策和制度）。只有公司承认高绩效时，它们才是相应的报酬。而诸如出色地完成任务的成就感之类的内在因素则在很大程度上属于个人的内心活动，组织政策只能产生间接的影响。例如，组织只有通过确定出色绩效的标准才可能影响个人，使他们认为已经相当出色地完成了任务。

尽管激励因素通常是与个人对他们的工作积极感情相联系，但有时也涉及消极感情。而保健因素却几乎与积极感情无关，只会带来精神沮丧、脱离组织、缺勤等结果。成就出现在令人满意的工作经历中超过 40%，而在令人不满意的工作经历中则少于 10%。

赫茨伯格的理论认为，满意和不满意并非共存于单一的连续体中，而是截然分开的，这种双重的连续体意味着一个人可以同时感到满意和不满意，它还暗示着工作条件和薪金等保健因素并不能影响人们对工作的满意程度，而只能影响对工作的不满意的程度。

（资料来源：根据 MBA 智库百科内容整理）

（推荐阅读：赫茨伯格.《赫茨伯格的双因素理论》：中国人民大学出版社，2009 年）

知识链接二：埃德加·沙因的复杂人性说

美国科学家埃德加·沙因首先提出了"复杂人"人性假设。该理论认为，人不是单纯的"经济人"，也不是完全的"社会人"，而应该是因时、因地、因各种情况采取适当反应的"复杂人"。

这一理论的主要内容包括：

（1）人的需要是多种多样的，而且这些需要是时刻变化的；

（2）人的各种需要和动机，会发生相互作用；

（3）人的工作和生活条件是不断变化的，因此会产生新的需要和动机；

（4）由于人的需要不同，对于不同的管理方式会有不同的反应。因此，没有适合于任何时代、任何组织和任何人的普遍人性假设和管理方法。

在对已有的人性假设做出上述划分后，沙因认为，"不仅人们的需要与潜在欲望是多种多样的，而且这些需要的模式也是随着年龄与发展阶段的变迁，随着所扮演的角色的变化，随着所处境遇及人际关系的演变而不断变化的"。针对管理中人性问题的复杂性，沙因提出了自己的"复杂人"假设。它主要包括以下内容：

（1）人类的需要是分成许多类的，并且会随着人的发展阶段和整个生活处境而变化。这些需要与动机对每一个人会各具变化不定的重要程度，形成一定的等级层系，可是这种层系本身也是变化的，会因人而异，因情景而异，因时间而异。

（2）由于需要与动机彼此作用并组合成复杂的动机模式、价值观与目标，所以人们必须决定自己要在什么样的层次上去理解人的激励。

（3）职工们可以通过他们在组织中的经历，学得新的动机。这就意味着一个人在某一特定的职业生涯中或生活阶段上的总的动机模式和目标，乃是他的原始需要与他的组织经历之间一连串复杂交往作用的结果。

（4）每个人在不同的组织或是同一组织中不同的下属部门中，可能会表现出不同的需要；一个在正式组织中受到冷遇的人，可能在工会或是非正式工作群体中，找到自己的社交需要和自我实现需要的满足。如果工作职务本身包含有多样性的技巧要求，那么在不同的时间及对于不同的工作任务，就可能有众多的动机能够发挥作用。

（5）人们可以在许多不同类型动机的基础上成为组织中生产率很高的一员，全心全意地参加到组织中去。对个人来说，能否获得根本的满足，以及对组织来说，能否实现最大的效益，仅部分地取决于这种激励的性质。所要完成的工作任务的性质、工作的能力和经验及其同事所创造的环境气氛，这些因素都互相作用着而产生一定的工作模式与感情。

（6）职工们能够对多种互不相同的管理策略做出反应，这要取决于他们自己的动机和能力，也决定于工作任务的性质；换句话说，不会有在一切时间对所有的人全能起作用的唯一正确的管理策略。

（资料来源：根据《管理思想史》等内容整理，https：//wenwen.sogou.com/z/q542268046.htm）

（推荐阅读：沙因著《组织心理学》，余凯成等译，经济管理出版社1987年版）

【拓展阅读】

褚时健创业案例

从烟草大王到橙王

2012 年 11 月，红塔集团原董事长、昔日"中国烟草大王"褚时健种植的橙子在北京正式上市。这位 20 世纪末叱咤中国烟草业的风云人物，十几年后再次走进人们的视野。

褚时健 1928 年出生在云南省玉溪市华宁县的一个农民家庭，自 1979 年 10 月（51 岁）任玉溪卷烟厂厂长后便荣誉不断。1990 年被授予全国优秀企业家终身荣誉奖"金球奖"，1994 年被评为全国"十大改革风云人物"。

在其领导玉溪卷烟厂（后为红塔集团）的 18 年里，为国家贡献的利税至少有 1400 亿元，玉溪卷烟厂也由一个不知名的小企业，一跃成为亚洲第一、世界第三的国际著名烟草企业集团。

褚时健虽曾因缔造红塔帝国风光一时，却因贪污案件而身陷囹圄，被判无期徒刑，后保外就医。

橙王褚时健的再次创业还要从保外就医后谈起。

2002 年保外就医后，众多烟草企业高薪请褚时健出山当顾问，却被他一一拒绝。

2002 年，褚时健投身冰糖橙这个行业时，云南的冰糖橙市场已经饱和。但当他吃到来自澳洲的进口橙子时，就想创建自己的品牌。熟悉褚时健的人说，这就和当年他看到国外的著名香烟品牌万宝路时的反应一样，一个劲儿地想要创造中国自己的高档香烟品牌。

褚时健二次创业，进入冰糖橙这样一个市场几近饱和的行业，就是想要证明在体制外也能成功。他是在探索一种新农业模式。

褚时健和妻子在橙园搭了工棚，吃住都在园里。他要在这块贫瘠的土地上种出极品橙子，把国外橙子比下去。

白手起家困难重重。褚时健年年都会遇到不同问题，果树不是掉果子，就是果子口感不好。他就买来书店所有关于果树种植的书，一本一本地看。

后来橙子不掉了，但口感淡而无味，既不甜也不酸，褚时健睡不着，半夜 12 点爬起来看书，经常弄到凌晨三四点，最后得出结论，一定是肥料结构不对。

这种果子褚时健不敢卖到市场上，怕砸了牌子。第二年，褚时健和技术人员改变肥料配比方法，果然，口味一下就上来了。据说，这种用烟梗、鸡粪等调制的有机肥，成本虽只有 200 多元，效果却赶得上 1000 元的化肥。

褚时健说："好的冰糖橙，不是越甜越好，而是甜度和酸度维持在 18：1 左右，这样的口感最适合中国人。"

作为一个标准的技术型企业家，褚时健学习能力强，对技术要求严苛，实实在在提高产品品质，扎扎实实做东西，这都体现了一个企业家的实业精神，他还经常戴着草帽，穿着拖鞋，为了寻找水源而一天爬几个山头。

在管理方式上，他使用了在管理烟厂的时候，和烟农互利的办法。为了让烟农种出优质烟叶，他采用由烟厂投资，直接到烟田去建立优质烟叶基地的办法，并且把进口优质肥料以很低的价格卖给烟农。当时烟农有好多都富了，与烟农"双赢"的是烟厂，原料一天比一天好，竞争力一天比一天强，厂子最后变成了"印钞工厂"。

而在果园，他给每棵树定标准，产量上定个数，说收多少果子就收多少，因为太多会影响果子质量，所以，多出的果子他不要。这样一来，果农一见到差点的果子就主动摘掉，从来不以次充好。

他还制定了激励机制，一个果农只要承担的任务完成，就能领到 4000 元工资，质量达标，再领 4000 元，年终奖金两千多元，一个农民一年能领到一万多元，比到外面打工挣钱还多。

以前，褚时健管理烟厂的时候，想到烟厂上班的人挤破头；现在他管理果园，想在果园干活的人也挤破头。

如今，这个年过八旬的老人，面对人生的沧桑，懊恼过痛苦过，但流过泪后，擦干泪水，又一次点燃希望之火，用心过日子，将日子过得红火，也让周围的人幸福、快乐。

【思考练习】

（1）创业需要具备怎样的素质？

（2）从"褚橙"案例中你学到了什么？

第3章　创业项目设计与选择

【引言导入】

建设现代化经济体系，必须把发展经济的着力点放在实体经济上，把提高供给体系质量作为主攻方向，显著增强我国经济质量优势。加快建设制造强国，加快发展先进制造业，推动互联网、大数据、人工智能和实体经济深度融合，在中高端消费、创新引领、绿色低碳、共享经济、现代供应链、人力资本服务等领域培育新增长点、形成新动能。支持传统产业优化升级，加快发展现代服务业，瞄准国际标准提高水平。促进我国产业迈向全球价值链中高端，培育若干世界级先进制造业集群。加强水利、铁路、公路、水运、航空、管道、电网、信息、物流等基础设施网络建设。坚持去产能、去库存、去杠杆、降成本、补短板，优化存量资源配置，扩大优质增量供给，实现供需动态平衡。激发和保护企业家精神，鼓励更多社会主体投身创新创业。建设知识型、技能型、创新型劳动者大军，弘扬劳模精神和工匠精神，营造劳动光荣的社会风尚和精益求精的敬业风气。

（资料来源：习近平在中国共产党第十九次全国代表大会上的报告 .2017.10.8）

【学习目的】

• 了解如何寻找创业机会
• 认知行业的内涵与了解行业选择的重要性

- 学生团队进行创意设计，提升创新思维
- 确定团队创业项目

3.1　创业机会

根据纽约大学科兹纳教授的观点，机会是指未明确的市场需求或未充分使用的资源或能力。

创业机会是指预期能够产生价值的清晰的目的 - 手段组合。目的是满足顾客的需求，这是价值来源的根本；手段是价值实现的途径。

3.2　创业机会来源

可以把创业机会的来源归纳为以下几个方面：

（1）技术变革：新技术的出现改变了企业间的竞争模式，使得创办新企业的机会大大增多；

（2）政治和制度变革：它意味着将价值从经济因素的一部分转移到另一部分，或者创造了更多的价值；

（3）社会和人口结构变革：通过改变人们的偏好和创造以前并不存在的需求来创造机会；

（4）产业机构变革：其他企业或者为顾客提供产品或服务的关

键企业的消亡、吞并等，使得行业竞争形态改变，形成或终止了创业机会。

3.3 创业机会识别

创业机会的识别可以通过以下几方面进行：

（1）新眼光调查；

（2）通过系统分析发现机会；

（3）通过问题分析和顾客建议发现机会；

（4）通过创造获得机会。

3.4 行业

行业是指从事国民经济中同性质的生产或其他经济社会的经营单位或者个体的组织结构体系，如林业、汽车业、银行业等。

一般来讲，行业的发展遵循由低级的自然资源掠夺性开采利用和低级的人工劳务输出，逐步向规模经济、科技密集型、金融密集型、人才密集型、知识经济型，从输出自然资源，逐步转向输出工业产品、知识产权、高科技人才等。

【课堂设计】

课堂设计一：案例分析——李维斯创业案例

目的：

了解如何发现创业机会，引导学生分析创业机会识别的方法。

1829 年，李维斯·施特劳斯出生于德国一个小职员家庭，毕业后成了一名小文员，1847 年从德国移民至美国纽约。1850 年美国西部发现了大片金矿，于是 20 多岁的李维斯决定加入淘金者中。到达旧金山后他发现曾经荒凉的西部现在到处都是淘金的人群和帐篷，于是他陷入深深的思考之中。

这些淘金者离市中心很远，买东西十分不便，于是李维斯决定开一家日用品小店。有一天，他又乘船外出采购了许多日用百货和帆布。日用百货很快被抢购一空，帆布却没人理会。

这时一位淘金工人向他询问是否有像帐篷一样坚硬耐磨的裤子。淘金的工作很艰苦，衣裤经常因与石头、砂土接触而被磨破。李维斯受到启发，用带来的厚帆布制成了后来被称为"牛仔裤"的帆布工装裤，并向矿工们出售，货物很快销售一空。

1853 年李维斯正式成立牛仔裤公司。公司开张后，产品十分畅销，但李维斯却对帆布做的裤子很不满意。

他开始寻找新的面料，后来他发现欧洲市场上一种结实且柔软的蓝白相间斜纹粗棉布布料，当即决定进口这种面料制作工装裤。结果，用这种新式面料制作出来的裤子再次受到淘金工人欢迎。

虽然获得了初步成功，但李维斯并不就此满足，他还在继续寻找机会，对牛仔裤进行改进。后来他使用黄铜铆钉固定裤袋，结实且耐用。由此传统的牛仔裤就此定型。

1872 年李维斯在基本定型的牛仔裤基础上申请了牛仔裤的生产专利。如今，世界上牛仔裤虽已出现众多品牌，但李维斯氏牛仔裤在世界 70 多个国家的销售量仍稳居第一。

提问：

（1）李维斯是如何发现创业机会的？

（2）又是如何成功的？

教师引导：

• 从创业机会的来源和创业机会识别两个方面引导。详见知识要点。

课程设计二：案例分析——雷军创业案例

目的：

认知行业的内涵与了解行业选择的重要性

雷军，1969 年出生于湖北，1991 年毕业于武汉大学计算机系。1992 年初加盟金山公司，那时 WPS 刚起步。1996 年 WPS 遭遇微软竞争，但公司决定把 WPS 进行到底。

2000 年，雷军牵头了一个金山内部的创业项目——卓越网，四年多后，以 7500 万美元的价格卖给了亚马逊。这次出售让雷军实现了财务自由，也为其后来的天使投资奠定了基础。

2007 年年底，金山成功上市两个月之后，雷军辞去金山的总裁与 CEO 职务，成为天使投资人，并从大势出发，以更大的视角来观察和思考互联网，可以说他是最早投身移动互联网的一拨人。

很快，雷军找到了自己的"势"——智能手机和移动互联网的大爆发。

2010 年 4 月，小米公司注册成立，第一个产品——移动操作系统 MIUI 在当年 8 月上线。2011 年 8 月 16 日，小米手机 1 正式发布。随后，小米在 2012 年卖出 719 万部手机，2013 年卖出 1870 万部手机。在此过程中，小米完成四轮融资，估值迅速突破 100 亿美元。

问题：

（1）这一案例说明了什么？

（2）案例中雷军选择了什么行业？

（3）什么是行业？

（4）目前有哪些行业可供创业选择？

教师引导：

• 注意引导学生掌握行业定义和发展规律

• 扩展学院的行业选择范围，并挑选几个行业进行分析

课堂设计三：确定团队创业项目

目的：

确定创业项目

课堂设计：

第一步：请每位学员至少提出生活等方面的一个痛点，即不满意之处。例如：

你满意于现在的服装服饰消费吗？有什么改进的意见吗？

你满足于现在居住的环境吗？有什么解决的办法吗？

你满足于现在的北京出行环境吗？有什么解决的办法吗？

你还有什么不满，或者觉得可以改进的生存空间吗？

……

第二步，针对前面各自的问题所提出的解决办法进行商业性分析，形成自己创业方案的雏形。

第三步，每个学员展示自己的方案。

第四步，大家投票，按照票数多少形成本课程的几个创业团队，而被选中的人，就是该项目的发起人。

【知识链接】

行业选择

食品：是指各种供人食用或者饮用的成品和原料，以及按照传统既是食品又是药品的物品，但是不包括以治疗为目的的物品。

分类：

1.畜产品行业 2.水产品行业 3.发酵制品行业 4.粮油制品行业

5.果蔬行业 6.食品添加剂行业 7.糖果行业 8.保健食品行业

9.休闲食品行业 10.方便食品行业

饮料：是指以水为基本原料，由不同的配方和制造工艺生产出来，供人们直接饮用的液体食品。饮料除提供水分外，由于在不同品种的饮料中含有不等量的糖、酸、乳以及各种氨基酸、维生素、无机盐等营养成分，因此有一定的营养价值。

分类：

1.酒 2.碳酸饮料 3.植物蛋白饮料 4.果蔬汁饮料 5.乳饮料

6.植物蛋白饮料 7.天然矿泉水饮料 8.固体饮料（冲饮品）

9.功能饮料 10.茶饮料

餐饮行业：其主要内容是，从事该行业的组织（如餐厅、酒店、食品加工厂）或个人，通过对食品进行加工处理，满足食客的饮食需要，从而获取相应的服务收入。由于在不同的地区、不同的文化下，不同的人群饮食习惯、口味的不同，因此，世界各地的餐饮表现出多样化的特点。

分类：

1.多功能餐饮 2.风味餐饮 3.零点（散餐）餐饮 4.中式餐饮

5.西式餐厅 6.自助餐厅 7.快餐厅 8.咖啡厅

手机：是可以握在手上的移动电话机。随着手机的不断发展，它已成为人们生活中非常重要的工具，且功能十分多样化。从而衍生出各种各样的周边产品。

分类：

1.手机

2.手机基本配件（充电器、数据线等）

3.手机装饰配件（保护壳、屏幕贴等）

计算机：俗称电脑，是一种用于高速计算的电子计算机器，可以进行数值计算，又可以进行逻辑计算，还具有存储记忆功能。是能够按照程序运行，自动、高速处理海量数据的现代化智能电子设备。由硬件系统和软件系统所组成。

分类：

1.台式机

2.一体机

3.笔记本电脑

4.掌上电脑

5.平板电脑

家电：是指以电能来进行驱动的用具，可帮助执行家庭杂务，如食物保存或清洁，除了家庭环境外，也可用于公司行号或是工业的环境里。基本上，家用电器分为大型家电和小家电。 分类： 1.制冷电器　2.空调器　3.清洁电器　4.厨房电器 5.电暖器具　6.整容保健电器　7.声像电器
服装：是穿于人体起保护、防静电和装饰作用的制品分类。服装是一种带有工艺性的生活必需品，在一定生活程度上，反映着国家、民族和时代的政治、经济、科学、文化、教育水平以及社会风尚面貌。 分类： 1.女士服装　2.男士服装　3.儿童服装　4.中老年服装
日化：即日用化工品，是人们平日常用的科技化学制品。 分类： 1.化妆品（含美容化妆品、清洁化妆品、护肤品、发用化妆品） 2.洗涤用品（含皂类、洗衣粉、洗涤剂） 3.口腔用品（含牙膏、漱口水等） 4.香味剂、除臭剂 5.驱虫灭害产品 6.其他日化产品（如鞋油、地板蜡等）
互联网：即广域网、局域网及单机按照一定的通信协议组成的国际计算机网络。互联网是将两台计算机或者是两台以上的计算机终端、客户端、服务端通过计算机信息技术的手段互相联系起来的结果，人们可以与远在千里之外的朋友相互发送邮件、共同完成一项工作、共同娱乐。 移动互联网是移动和互联网融合的产物，继承了移动随时随地随身和互联网分享、开放、互动的优势，是整合二者优势的"升级版本"，即运营商提供无线接入，互联网企业提供各种成熟的应用。

【拓展阅读】

1829 年，李维斯·施特劳斯出生于德国一个小职员家庭，并顺利地完成学业成为一名文员，1847 年李维斯从德国移民至美国纽约。1850 年美国西部发现了大片金矿，作为犹太人，天生的不安分使他不安于做一个安稳的小职员，于是 20 多岁的李维斯决定加入浩浩荡荡的淘金队伍之中。

李维斯到达旧金山后才发现自己并不是第一个去淘金的人，曾经荒凉的西部现在到处都是淘金的人群，到处都是帐篷，于是他陷入深深的思考之中。

这些淘金者待在一个离市中心很远的地方，买东西十分不方便，李维斯看到那些淘金者为了买一点日用品不得不跑很远的路，于是决定不再做那个遥不可及的金子梦，而准备开一家日用品小店。小店生意不错，光顾的人络绎不绝。有一天，他又乘船外出采购了许多日用百货和一大批搭帐篷、马车篷用的帆布。由于船上旅客很多，那些日用百货没等下船就被人们抢购一空，但帆布却没人理会。

眼看帆布要赔本了，忽然他见一位淘金工人迎面走来，并注视着帆布。李维斯连忙高兴地迎上前去，热情地问道："您是不是想买些帆布搭帐篷？"那工人摇摇头："我不需要再搭一个帐篷，我需要的是像帐篷一样坚硬耐磨的裤子，你有吗？"淘金的工作很艰苦，衣裤经常要与石头、砂土摩擦，棉布做的裤子不耐穿，几天就磨破了。"如果用这些厚厚的帆布做成裤子，肯定又结实又耐磨，说不定会大受欢迎呢！"淘金工人的这番话提醒了李维斯。

于是，他灵机一动，用带来的厚帆布效仿美国西部的一位牧工杰恩所特制的一条式样新奇而又特别结实耐用的棕色工作裤，向矿工们出售。1853 年，第一条日后被称为"牛仔裤"的帆布工装裤诞生了，当时它被工人们叫作"李维斯氏工装裤"。改革后的成熟牛仔裤以其坚固、耐久、穿着合适获得了当时西部牛仔和淘金者的喜爱。大量的订货纷至沓来。

于是在 1853 年李维斯正式成立了自己的牛仔裤公司，开始了这个著名品牌的漫漫长路。公司开张后，产品十分畅销，但李维斯却对帆布做的裤子很不满意。因为帆布虽然结实耐磨，却又厚又硬，不但穿在身上不舒服，而且也无法像柔软的布料那样，设计出各种美观合身的款式，只能做成又肥又大、式样单调的裤子。他开始寻找新的面料，主动搜罗市场上的信息。终于有一天，他发现欧洲市场上畅销着一种蓝白相间的斜纹粗棉布布料，它是法国人涅曼发明的，兼有结实和柔软的优点。李维斯看了样布，当即决定从法国进口这种面料，专门用于制作工装裤。结果，用这种新式面料制作出来的裤子，既结实又柔软，样式美观，穿着舒适，再次受到淘金工人欢迎。

这次换用新的布料，在牛仔裤发展史上具有重要意义。此后，这种用靛蓝色斜纹棉哔叽做成的工装裤在美国西部的淘金工、农机工和牛仔中间广为流传，靛蓝色也成为李维斯氏工装裤的标准颜色。由于靛蓝色与欧洲原始时代和宗教信仰有着密切关系，它对牛仔裤后来在欧洲流行起了潜在的帮助作用。

虽然初步获得了成功，但李维斯并不就此满足，他还在继续寻找机会，对牛仔裤进行改进。当时淘金工人在劳动时，常常要把沉甸甸的矿石样品放进裤袋，沉重的矿石经常会使裤袋线崩断开裂。当地一位名叫雅各布·戴维斯的裁缝经常为淘金工人修补这种被撑破的裤袋。他用黄铜铆钉钉在裤袋上方的两只角上，这样就可以固定住裤袋。同时他还在裤袋周围镶上了皮革边，这样既美观又实用，有的工人裤子没有磨破，但为了美观都去镶边。雅各布就此向李维斯提出了建议，李维斯不但接受了这个建议，还把尚未出厂的工装裤全部加上黄铜铆钉，并申请了专利，由此传统的牛仔裤就此定型。

1872 年李维斯在基本定型的牛仔裤的基础上申请了牛仔裤的生产专利。如今，世界上牛仔裤虽已出现众多品牌，但李维斯氏牛仔裤在世界 70 多个国家的销售量仍稳居第一。

【创业行业案例集锦】

食品篇

卡夫

卡夫食品公司是美国最大的食品巨头。公司成立于1852年，是美国最大的食品和饮料企业，世界第二大食品公司，北美最大的食品生产商，现直属于菲利普·莫里斯公司（全世界最大消费品集团）。卡夫已拥有100多年的历史，卡夫在超过70个国家开展业务，其产品在全球150个国家有售。

商业模式亮点：开放式研发，产品多元化。

产品种类包括：麦斯威尔，鬼脸嘟嘟，趣多多，太平梳打，乐之，卡夫奇妙，菓珍，奥利奥，达能，卡夫菲力乳酪，瑞士三角牌，Planters，可口，欧斯麦，卡夫芝士粉，吉百利。

中粮

中国粮油食品进出口（集团）有限公司于1952年在北京成立，是一家集贸易、实业、金融、信息、服务和科研为一体的大型企业集团，横跨农产品、食品、酒店、地产等众多领域。1994年以来，一直名列美国《财富》杂志全球企业500强。

商业模式亮点："全产业链"，是指以客户和消费者需求为导向，涵盖从田间到餐桌，即从农产品原料到终端消费品，包括种植、收储物流、贸易、加工、养殖屠宰、食品制造与营销等多个环节，通过对全产业链的系统管理和关键环节的有效掌控，以及各产业链之间的有机协同，形成整体核心竞争力，奉献安全、营养、健康的食品，实现集团全面协调可持续发展。

饮料篇

加多宝

加多宝大型专业饮料生产及销售企业，集团分别在北京、浙江、福建、广东设立生产基地。加多宝旗下产品包括红色罐装加多宝、茶饮料系列。所经营的红色罐装加多宝是凉茶行业的第一大品牌，由纯中草药配制，清热降火，功能独特。销售网络遍及中国大陆 30 多个省、市、自治区，并销往东南亚、欧美等地。

商业模式亮点：通过赞助中国好声音、伦敦奥运会等活动，利用强大的广告攻势。

以"怕上火，就喝王老吉"（加多宝与广药合作时期）为价值主张巧妙地与"红罐王老吉的产品特征"匹配起来，带动了销售收入迅速增长。

餐饮篇

海底捞

四川海底捞餐饮股份有限公司成立于 1994 年，是一家以经营川味火锅为主，融汇各地火锅特色于一体的大型跨省直营餐饮民营企业。公司自成立之日起，始终奉行"服务至上，顾客至上"的理念，以贴心、周到、优质的服务，赢来了纷至沓来的顾客和社会的广泛赞誉。公司高扬"绿色，健康，营养，特色"的大旗，致力于在继承川味原有的"麻，辣，鲜，香，嫩，脆"基础上，不断开发创新，以独特、纯正、鲜美的口味和营养健康的菜品赢得了顾客的一致推崇和良好的口碑。公司坚持"绿色，无公害，一次性"的选料和底料熬制原则，严把原料关、配料关，十四年来历经市场和顾客的检验，成功地打造出信誉度高，颇具四川火锅特色，融汇巴蜀餐饮文化"蜀地，蜀风"浓郁的优质火锅品牌。

商业模式亮点：在免费服务上做到极致，强大的服务营销。

因为吃的人很多，经常要排队，老板就为等待的顾客提供免费美甲，免费豆浆和小吃水果，并且所有服务员都是四川人，态度很热情。如四川简阳店，"一个让人意犹未尽的地方！"这里的食物"很新鲜"，味道"一流"，分量"很足"，价格"很公道"。环境"挺不错"，服务更是"呱呱叫"，每桌都"至少"有一个服务员；

所有的服务员"不管什么时候"看到你都会"恭敬"地问候；等位子时有"免费"茶点、"免费"美甲和擦鞋；大厅还有儿童乐园，有阿姨"专门看管"；每位小朋友还都有"免费"蛋羹。

黄太吉

黄太吉，其名称取意"皇太极"，是一家美食餐馆，主营煎饼果子、豆腐脑、豆浆等传统美食。老板赫畅是曾在百度、去哪儿、谷歌任职的互联网人，运用了不同于传统餐饮思维的营销手段。

商业模式亮点：新式、差异化营销，互联网思维。

通过互联网营销，低成本迅速获取客户，充分利用互现网对传统餐饮的营销和用户体验进行了改进。在这里，你买到的不仅是好吃的煎饼，还能享受整个买煎饼的体验，让你觉得很好玩，满足你的好奇心，这些体验是其他煎饼店没有的。

手机及周边篇

小米

小米公司正式成立于 2010 年 4 月，是一家专注于智能手机自主研发的移动互联网公司，定位于高性能发烧手机。小米手机、MIUI、米聊是小米公司旗下三大核心业务。"为发烧而生"是小米的产品理念。小米公司首创了用互联网模式开发手机操作系统、发烧友参与开发改进的模式。

商业模式亮点：饥饿营销。

小米手机先 1999 元人民币的价格和高端配置保证了小米的高性价比，但随后先是开放工程机测试，拖了一段时间，然后又是网上预订，又拖了一段时间，正式发售的时候已经拖延了 4 个月左右。而等到大多数人在正式购买的时候，小米官网居然又放出 3 小时内购买完的消息；小米手机第二轮投入 10 万台，又在 2 个小时之内销售一空，这种营销方式始终吸引了消费者注意力，提高了对小米手机的购买欲。

计算机篇

戴尔

戴尔公司（Dell Computer），是一家总部位于美国得克萨斯州朗德罗克的世界五百强企业。创立之初公司的名称是 PC'sLimited，于1987 年改为现在的名字。戴尔以生产、设计、销售家用以及办公室电脑而闻名，不过它同时也涉足高端电脑市场，生产与销售服务器、数据储存设备、网络设备等。戴尔的其他产品还包括了 PDA、软件、打印机等电脑周边产品。

商业模式亮点：直销。

向客户直销，绕过了分销商这个中间环节。戴尔电脑公司从消费者那里直接拿到订单，自己购买配件组装电脑。使得戴尔电脑公司无须车间和设备生产配件，也无须在研发上投入资金。消费者得到了自己想要的电脑配置，戴尔公司也避免了中间商的涨价，这一在现在看来很普通的方式，却在当时使戴尔成为最成功的公司之一。

家电篇

格力

成立于 1991 年的珠海格力电器股份有限公司是当前全球最大的集研发、生产、销售、服务于一体的专业化空调企业。格力电器旗下的"格力"空调，是中国空调业唯一的"世界名牌"产品，业务遍及全球 100 多个国家和地区。家用空调年产能超过 6000 万台（套），商用空调年产能 550 万台（套）；自 2005 年至今，格力空调产销量连续 7 年全球领先。

商业模式亮点：大规模整合销售渠道，投入研发掌握核心科技。

格力属于典型"渠道为王"的家电企业，全国拥有几千家经销商，帮助格力销售其产品，但另一方面，格力同样注重产品研发，累积获得者专利技术 3000 多项，平均每两周就有一项新技术问世，每年投入科研费用占到 10% 以上，并且不设上限，这在国内的任何家电企业是首屈一指的，通过研发提升格力的整体产品品质，从而获得客户青睐。

服装篇

ZARA

ZARA 是西班牙 Inditex 集团旗下的一个子公司，它既是服装品牌，也是专营 ZARA 品牌服装的连锁零售品牌。目前已拥有 7400 多家店遍布世界 96 个市场。ZARA 在国际上的成功清楚地表明时装文化无国界。凭借一支拥有 200 多名专业人士的创作团队，ZARA 的设计过程紧跟大众口味。各店铺将信息传递给设计团队，让他们了解顾客的所想所需。

商业模式亮点：锁定个性化消费需求，通过全程控制供应链，以最快速度提供与众不同独一无二的产品价值。

ZARA 公司坚持自己拥有和运营几乎所有的连锁店网络的原则，同时投入大量资金建设自己的工厂和物流体系，以便于"五个手指抓住客户的需求，另外五个手指掌控生产"，快速响应市场需求，为顾客提供"买得起的快速时装"。

日化篇

聚美优品

聚美优品，是第一家也是中国最大的化妆品限时特卖商城。聚美优品由三位海归学子创立于 2010 年 3 月，首创了"化妆品团购"概念：每天在网站推荐几百款热门化妆品，并以远低于市场价折扣限量出售。创立伊始，聚美优品便坚持以用户体验为最高诉求，承诺"100% 正品""100% 实拍"和"30 天拆封无条件退货"政策，竭力为每个女孩带来独一无二的美丽惊喜。两年时间弹指而过，聚美优品已经发展为在北京、上海两地拥有总面积达五万多平方米的自建仓储、专业客服中心、超过五百万用户、月销售额数亿中国领先的化妆品电子商务网站，成为 2011 年中国发展速度最快的电子商务公司之一。

商业模式亮点：团购形式的 B2C。

聚美优品是专业的垂直化的团购网站，所提供的产品是各类化妆品（品牌类）；提供团购信息，提供在线付费模式，下单发货，从控制进货渠道、与供应商和代理商的紧密合作，物流输送，到售后服务，确保用户的体验。这种模式使得聚美优品在团购网站混战的时代走出了自己独特的道路。

移动互联网篇

去哪儿

去哪儿是中国领先的旅游搜索引擎，是目前全球最大的中文在线旅行网站，创立于 2005 年 2 月，总部设在北京。作为一家创新的技术公司，去哪儿网致力于为中国旅游消费者提供全面、准确的旅游信息服务，促进中国旅游行业在线化发展、移动化发展。去哪儿网为消费者提供机票、酒店、度假产品的实时搜索，并提供旅游产品团购以及其他旅游信息服务，为旅游行业合作伙伴提供在线技术、移动技术解决方案。

商业模式亮点：整合旅游相关网站，做旅游网站的搜索引擎。

去哪儿的商业模式与其竞争对手（携程等）截然不同，去哪儿并不直接与酒店和航空公司谈判争取优惠价格，而是整合已有众多小规模旅游网站的资源，与其他网站实现共赢。

嘀嘀打车

嘀嘀打车是腾讯投资的一家移动互联网公司，致力于移动交通的发展，为乘客提供便利；嘀嘀愿景，让车不再难打！

商业模式亮点：匹配用户和司机的需求，减少司机的空载，提高效率。

App "嘀嘀打车" 改变了出租司机的等客方式，它可以让司机师傅用手机等待乘客 "送上门来"。这款 App 的原理非常简单，与电话叫车服务类似。即乘客在手机上点击 "我要用车"，并发送一段语音说明具体的位置和要去的地方。用车信息会被传送给在乘客附近的出租车司机中，司机可以在手机上一键响应，并和乘客联系，通过建立司机与乘客的联系，既解决了打车难的问题，又减少了司机的空载，提高了效率。

【思考练习】

（1）如何寻找创业机会？

（2）行业的内涵是什么？

（3）行业选择的重要性。

（4）如何选择好的创意项目？

第4章　创业团队

【案例导入】

俞敏洪创业团队

1993 年，俞敏洪创办了新东方培训学校，创业伊始，俞敏洪单枪匹马，仅有一个不足十平方米的漏风的办公室，零下十几度的天气，自己拎着糨糊桶到大街上张贴广告，招揽学员。"任何事情都是你不断努力去做的结果，当你碰到困难的时候，你不要把它想象成不可克服的困难，在这个世界上没有任何困难是不可克服的，只要你勇于去克服它！"正是凭借着这种不怕困难，勇于克服困难的精神，新东方不断发展壮大，俞敏洪还把"从绝望中寻找希望"作为新东方的校训。

在新东方创办之前，北京已经有三四所同类学校，参加新东方培训的人员多是以出国留学为目的。新东方能做到的，其他学校也能做到。就当时的大环境而言，随着出国热，以及人们在工作、学习、晋升等方面对英语的多样化要求，国内掀起了学习英语的热潮，越来越多的优秀教师加入英语培训这个行业。如何先人一步，获得自己的竞争优势，把新东方做大做强？俞敏洪认识到英语培训行业必须要具备一流的师资，帮他控制住英语培训各个环节的质量。而这样的人不仅要有过硬的专业知识和能力，更要和俞敏洪本人有共同的办学理念。他首先想到的是远在美国的王强、加拿大的徐小平等人，实际上这也是俞敏洪思考了很久才做的决定——这些人不仅符合业务扩展的需求，更重要的是这些人作为自己在北大时期的同学、好友，在思维上有着一定的共性，肯定比其他人能更好地理解并认同自己的办学理念，合作也会更坚固和长久。

作为教育行业，师资构成了新东方的核心竞争力，但是如何让这支高精尖的队伍，最大限度地发挥作用，俞敏洪从学员需求出发，秉持着一种"比别人多做一点，比别人做得好一点"的朴素的创新思维，合理架构自己的团队，寻找和抓住英语培训市场上别人不能提供或者忽略的服务，使新东方的业务体系得以不断完善。比如，1995 年，俞敏洪逐渐意识到，学生们对于英语培训的需求已经不只限于出国考试，而此时刚加入的胡敏就应这种需求，开发出了雅思英语考试培训，且大受欢迎，胡敏本人也因此被称为"胡雅思"。徐小平、王强、包凡一、钱永强等人分别在出国咨询、基础英语、出版、网络等领域各尽所能，为新东方搭起了一条顺畅的产品链。徐小平开设的"美国签证哲学"课，把出国留学过程中一个大家关心的重要程序问题上升到一种人生哲学的高度，让学员在会心大笑中思路大开；王强开创的"美语思维"训练法突破了一对一的口语训练模式；杜子华的"电影视听培训法"已经成为国内外语教学培训极有影响力的教学方法。新东方的老师很多都根据自己教学中的经验和心得著书立说，并形成了自身独有的特色，让新东方成为一个有思想有创造力的学校。俞敏洪的成功之处是为新东方组建了一支年轻而又充满激情和智慧的团队，俞敏洪的温厚，王强的爽直，徐小平的激情，杜子华的洒脱，包凡一的稳重，五个人的鲜明个性让新东方总是处在一种不甘平庸的氛围当中。

谈到团队的组建，《西游记》中由唐僧率领的取经团队被公认为是一支"黄金组合"的创业团队。四个人的性格各不相同，却又同时有着不可替代的优势。比如说，唐僧慈悲为怀，使命感很好，有组织设计能力，注重行为规范和工作标准，所以他担任团队的主管，是团队的核心；孙悟空武功高强，是取经路上的先行者，能迅速理解、完成任务，是团队业务骨干和铁腕人物；猪八戒看似实力不强，又好吃懒做，但是他善于活跃工作气氛，使取经之旅不至于太沉闷；沙僧勤恳、踏实，平时默默无闻，关键时刻能稳如泰山、稳定局面。但是，创业路上，并没有那么巧的机缘和条件，能幸运地集聚到这样四个不同性格的人。所以，如果只能从这四个人中挑选出两个人来作为创业成员的话，你会挑选哪两位？俞敏洪选沙僧和孙悟空，俞敏洪列举了他的理由：他（孙悟空）的优点很明显：第一，有信念，知道取经就是使命，不管受到多少委屈都要坚持下去。第二，有忠诚，不管唐僧怎么折磨，他都会帮助他一路走下去。第三，有头脑，在许多艰难中会不断想办法解决。第四，有眼光，能看到别人看不到的机会和磨难。

　　新东方的创业团队就有些类似于唐僧的取经团队，而团队成员几乎个个都是"孙悟空"。俞敏洪敢于选择这帮牛人作为创业伙伴，并且真的在一起做成了大事，成就了一个新东方传奇，从这一点来说，他是一个成功的创业团队领导者。他知道新东方人多是性情中人，从来不掩饰自己的情绪，也不愿迎合他人的想法，打交道都是直来直去，有话直说。因此，新东方形成了一种批判和宽容相结合的文化氛围，批判使新东方人敢于互相指责，纠正错误；宽容使新东方人在批判之后能够互相谅解，互相合作。这就是新东方人的特点：大家互相之间不记仇、不记恨，只计较到底谁对谁错谁公正。这种源自北大精神的自由文化，是俞敏洪敢用"孙悟空"，而且是多个"孙悟空"的前提条件，这是新东方成功的关键因素之一。而另一个关键因素就是俞敏洪本人所具备的包容性，帮助他带领着一帮比他厉害的"牛人"，不仅将新东方从小做大，还完成了让局外人都为之捏了一把汗的股权改制。最令人意料不到的是，俞敏洪居然还将新东方带到了美国的资本市场，成为中国第一个在海外成功上市的民营教育机构。这一份成绩虽然还不能定义为最终的胜利，但是仍然有着非同寻常的意义，即它告诉了人们，对于中国教育来说，一切价值正有待重估。

（资料来源：https://wenku.baidu.com/view/faa85109bb68a98271fefa5d.html）

【学习目的】

• 了解创业团队

• 感知创业团队成员的职责

• 创业团队文化设计与呈现

• 思考构建团队与团队文化的过程中需注意的问题

4.1　创业团队的概念与意义

4.1.1　创业团队的内涵

团队就是合理利用每一个成员的知识和技能协调工作，解决问题，达到共同目标的共同体。因此，创业团队可以定义为由少数技能互补的人组成利益共同体的组织，他们认同于一个共同的目标和一个能使他们彼此但负责任的程序，共同为达成高品质的结果而努力。

现实生活中，个人成功创业的案例不在少数，既然这样，为什么还要创建团队？本书认为主要有以下两方面原因：

（1）个人创业企业成长较为缓慢，且容易因为创业者个人的风险而造成企业的破产。因此，风险投资者通常不愿意给这种个人创业类型的企业投资。

（2）创业投资者普遍认为，团队创业后所产生的价值回报一定相对较高，所以他们更愿意为团队创业企业投资。

4.1.2　创业团队的意义

总的来说，创业团队具有以下重要意义：

（1）提高机会识别、开发和利用能力；

（2）提高新企业运作能力，发挥合成效应；

（3）为组织发展和管理工作提供独特的社会角度；

（4）有利于营造更轻松愉快的心理环境。

4.2　创业团队成员的职责

团队成员职责即指成员在团队活动中扮演的主要角色。团队角色是指一个人在团队中某一职位上应该有的行为模式。在一个创业项目中，通常应该包含项目创始人、财务人员、技术人员、营销人员等，对应到一个公司体制中，则分别是创业经理人、财务总监、产品总监、营销总监以及运营总监五个职位。

从这种角度看，创业团队成员各自对应的职责如表 4-1 所示：

表4-1　创业团队成员的职责

角色	主要职责
创业经理人	设定目标；任务分派；鼓励与沟通；绩效评估；培养人才
财务总监	建立健全各类财务制度；公司内各类制度的贯彻执行；财务预算；工作计划的制订；做好销售的督促工作；人员绩效考核；账务核算；企业日常的账务处理；资料的统计工作

角色	主要职责
产品总监	全面负责产品部工作，直接对总经理负责
	参与公司发展战略和计划的制订，组织制定并实施技术系统规章制度和实施细则
	加强技术队伍建设和管理，定期进行技术分析和质量分析工作，制定预防和纠正措施
	制定并组织实施技术系统工作目标和工作计划，组织不合格产品的审理工作以及技术、产品的开发与创新
	加强部门合作，提供技术支持
	负责技术系统文件等资料的整理保管及公司档案管理工作
营销总监	组织编制年度营销计划及营销费用、内部利润指标等计划
	组织研究、拟定公司营销、市场开发方面的发展规划，组织开展市场统计分析和预测工作
	组织拟定营销业务管理的各种规定、制度和内部机构设置
	组织编制并按时向总经理汇报：每月营销合同签订、履行情况及指标完成情况
	负责协调营销部门与财务部门、技术部门及其他部门工作的协作关系
	负责研究和拟定营销线的新项目的开发，组织收集市场销售信息、新技术产品开发信息、用户的反馈信息
	负责组织、推行、检查和落实营销部门销售统计工作及统计基础核算工作的规范管理工作
运营总监	对公司的生产经营有计划权、建议权、否决权、调度权
	对下属各职能部门完成任务的情况有考核权
	对公司年度生产经营计划的完成负组织与协调责任
	对公司中、长期发展规划负组织、推动、执行责任
	因调研信息严重失真，影响公司重大决策给公司造成损失，应负相应的经济责任和行政责任

4.3　创业团队文化

4.3.1　创业团队文化的内容

所谓的团队文化是由团队价值观、团队使命、团队愿景和团队氛围等要素综合在一起而形成的。塑造团队文化的关键就是在团队形成与发展的过程中提炼团队的价值观、团队使命和团队愿景，并以此为基础逐渐形成相对固定的团队氛围。

团队愿景就是指"我们要成为什么？"，是团队对未来的一种憧憬和期望，是其努力经营想要达到的长期目标，体现团队永恒的追求。

团队使命就是指"团队的任务是什么？"，描述了一个组织在社会中生产产品和提供服务的基本功能，是企业经营管理的全部意义。

团队价值观是团队所倡导、反对、赞赏和批判的基本原则，是团队要实现自身愿景、使命所必须遵循基本价值标准和价值信仰。

4.3.2　创业团队文化的形成

优秀的团队文化，是团队制胜对手的前提，也是一支团队战无不胜、攻无不克的内因，是可以传承和沿袭的内在精神和气质。创业团队文化可以从以下方面来打造：

（1）科学构建创业团队，提高创业团队效能。创业团队成员的知识、技术和经验越广泛、多样将越有利于创业企业的发展，因此，基于互补性组建创业团队将极大提高创业团队的效能。

（2）组织团队调查分析现有文化状况，了解企业的文化和环境条件，以一定的标准来诊断团队文化建设现状。

（3）分析行业特征，并形成团队使命、目标与战略。例如，团队可以根据自己的需要，发挥创意思维设计自己的团队名称、团队口号、团队使命、团队目标、团队工作进度安排等。

（4）提炼科学、简练、准确的核心价值观。团队领导者在塑造团队文化时，不能将团队和员工的价值观剥离开来考虑，不能只考虑团队的价值观而忽视员工个体的价值观。相反，在发展团队文化时，团队领导者必须了解员工的价值观并且吸收其精华，建立起员工认可和拥护的价值观。

（5）将团队文化进行书面化和固化。在团队文化形成过程中，不断地予以书面化，固化下来，在不断地完善过程中，形成大家潜意识的行为规范和准则，如形成书面的团队文化手册等。

【课堂设计】

课堂设计一：组建创业团队

设计目的：

（1）激发学生创业想法。

（2）体会如何组建团队。

（3）思考创建团队时应该注意的问题。

设计介绍：

·每个人想一个创业点子或者创业项目

·上台介绍该创业项目，包括起因、商业模式、盈利点等

·全班进行投票，选出具有创新点、创意点或者盈利性高的10个创业项目

·被选中的创业项目，项目创始人上台进行组队演说

·全班开始组建团队，每队3～5人

·组建好团队后，每组制定出该团队的团队名称、口号、LOGO、团队使命、团队愿景等内容

·全班按照团队组建情况，以团队为小组选择座位，以后每节课都是如此

问题：

创立团队，需要注意什么？

教师引导：创建团体的方法与原则

·扬长避短，恰当使用

人有所长，必有所短。创业伙伴之间的优势最好呈互补关系

·既要讲独立，也要讲合作

创业初期会面临各种各样的困难，这时候需要冷静地分析选择可能的合作伙伴

·志同道合，目标明确

创业团队成员应该有共同的梦想和事业，认可团队价值观和团队目标

·相互补充，相得益彰

创业团队需包括：创新型人物，策划型人物，执行型人物，技术研究型人物

·目标明确、善定愿景

为团队设定前进目标，描绘未来美好生活

·手握紧箍，以权制人

树立领导权威，但不要滥用权威

·摆正位置坦诚相待，互相尊重对方

面对矛盾，合作的各方应摒弃前嫌，坦诚相待，共面困难，勇往直前

课堂设计二：如何想出团队创意？

设计来源：

改编自 http://www.docin.com 网站的《美丽景观》小游戏

设计逻辑：

团队创意是一个团队取得成功的根本前提，而个人创意是团

创意不可或缺的部分。所以作为一个团队的领导者，一定要明白他的小组的各个成员的特点并善加利用，此游戏可以帮助他们做到这一点。

设计目的：

（1）团队创新能力的培养。

（2）团队合作中的角色分工和协作问题。

道具：每组一套：A4 纸 50 张，胶带一卷，剪刀一个，彩笔一盒。

游戏规则和程序：

（1）将学员分成 10 人一组，然后发给每一组一套材料，要求他们在 30 分钟内，建造出一处优雅美丽的景观来，要求景色美观、创意第一。

（2）要求每一个组选出一个人来解释他们的景观的建造过程，比如，创意、实施方法等。

（3）由大家选出最有创意的、最具有美学价值的、最简单实用的景观，胜出组可以得到一份小礼物。

引导一：你们组的创意是怎样来的？

教师引导：

• 创意好不好关系到景观的成败。如果一开始的思路就错了，或者根本没有明确的目标，就会在以后的工作中面临越来越多的问题，比如，时间管理、审核标准、资源分析等。

引导二：在建造的过程中，你们的合作过程如何？大家的协调性怎么样？各人扮演什么角色，这一角色是否与他的平时形象相符？

教师引导：

• 当想出足够好的创意以后，每个人根据自己不同的特长选择不同的任务，比如，空间感好的人就可以来搭建模型，手巧的人可以进行实际操作，但是最重要的是一定要有一个领导者，他要综观全局，对创意进行可行性评估，以及最后进行总结。

· 对于组员来说，如果你有了新的创意，一定要跟其他人交流，让他们明白你的意图，并让大家评定你的点子是否可行。

课堂设计二：团队氛围

设计逻辑：

团队氛围会决定人们之间的沟通与合作状况。舒适健康的氛围有助于团队成员的正常发挥，而压抑、独裁的团队环境则不利于人们发挥创造性和能动性。

设计目的：

（1）创造性解决问题。

（2）团队合作精神的培养。

（3）对于团队合作环境的思索。

道具：纸、笔。

游戏规则和程序：

（1）给每个小组一些纸和笔，建议每个小组的人坐在一起。

（2）让他们分别列举出十个最不受人欢迎和最受人欢迎的氛围，例如，放任、愤世嫉俗、独裁、轻松、平等。

（3）将每个小组的答案公布于众，然后让他们解释选择这些答案的原因。

（4）最后大家讨论一下，什么样的团队氛围才最适合公司的发展。

引导一：团队文化建设途径

教师引导：

· 持续灌输团队愿景

· 明确团队肩负使命

· 有效管理团队冲突

· 鼓励团队间的分享

· 长期坚持形成氛围

引导二：

你与你团队的意见是否相同？

如果有什么相左的地方，你们是如何解决的？彼此应该怎样进行交流？

教师引导：

• 在小组讨论的过程中，不同的人要扮演不同的角色，有些人更多地看重团队文化，有些人更多地看重团队的竞争精神，最后将大家的意见综合起来，就有可能形成一个有关团队氛围的全面建议。

• 作为组员来说，要尊重别人的意见，积极贡献自己的点子，讲究沟通与合作，获得整个小组的利益最大化。

【知识链接】

知识链接一：马斯洛需求层次论

马斯洛需求层次理论，见图 4-1，亦称"基本需求层次理论"，该理论在其著作《人类激励理论》中提出。常被现代企业应用到员工激励方法当中。首先，该理论表明了两个意思；第一，特定需求是每个人都需要有的，当一个层次的需求被满足时，才会出现另一层次的不同需求；第二，当同时存在不同层次需求的时候，通常优先满足迫切需求（如生理类需求），之后才满足其他需求，如激励需求等。其次，需求总是会从低层次向离层次发展，而如何达到高层次的需求是驱使行动的主要动力，相反，低层次的需求得到满足在这一时期就不再是一种激励的动力。最后，该理论的需求可分为两大等级，其中满足生理、安全及情感需求属于较低等级的需求，通常这一等级的需求通过外部相关条件就可以满足；而满足自我价值实现、尊重等的需求都属于高级需求，运些基础需求需要内部因素才能得到相对满足。

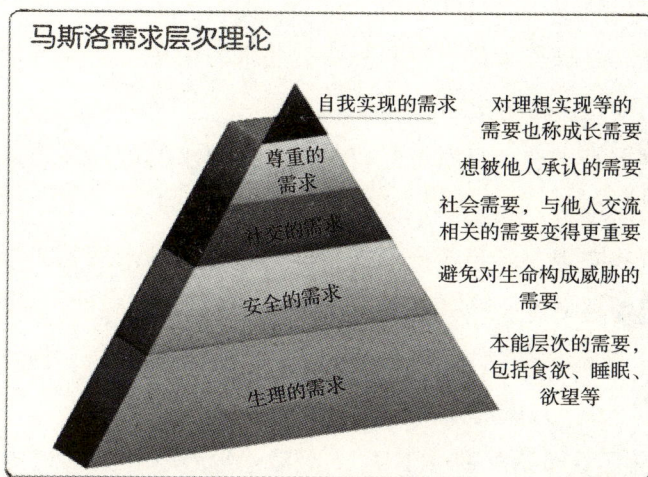

图4-1 马斯洛需求层次理论

理论应用：

（1）员工激励。了解员工的需要是应用需要层次论对员工进行激励的一个重要前提。在不同组织中、不同时期的员工以及组织中不同的员工的需要充满差异性，而且经常变化。因此，管理者应该经常性地用各种方式进行调研，弄清员工未得到满足的需要是什么，然后有针对性地进行激励。

（2）划分消费者市场。马斯洛理论把需求分成生理需求、安全需求、社交需求、尊重需求和自我实现需求五类，依次由较低层次到较高层次，从企业经营消费者满意（CS）战略的角度来看，每一个需求层次上的消费者对产品的要求都不一样，即不同的产品满足不同消费者的需求层次。将营销方法建立在消费者需求的基础之上考虑，不同的需求也即产生不同的营销手段。

根据五个需求层次，可以划分出五个消费者市场：

①生理需求→满足最低需求层次的市场，消费者只要求产品具有一般功能即可。

②安全需求→满足对"安全"有要求的市场，消费者关注产品对身体的影响。

③社交需求→满足对"交际"有要求的市场，消费者关注产品是否有助提高自己的交际形象。

④尊重需求→满足对产品有与众不同要求的市场，消费者关注产品的象征意义。

⑤自我实现→满足对产品有自己判断标准的市场，消费者拥有自己固定的品牌需求层次越高，就越不容易被满足。

（资料来源：亚伯拉罕·马斯洛.《人类激励理论》，1943）

知识链接二：麦克利兰成就需要理论

成就需要理论又称"H种需要理论"，是由麦克利兰通过对人的需求和动机进行研究，经 20 世纪 50 年代的一系列文章中提出的。麦克利兰经过 20 多年的研究得出结论认为在生存需要基本得到满足的前提下，人的最主要的需要主要是成就需要、亲和需要、权力需要三种平行的需要，这种需要在人们需要结构中有主次之分，作为人们的主需求在满足了以后往往会要求更多更大的满足，也就是说拥有权力者更追求权力、拥有亲情者更追求亲情、拥有成就者更追求成就。同时，由于他认为其中成就需要的高低对人的成长和发展起到特别重要的作用，所以很多人就称其理论为成就需要理论。

如图 4-2 所示，冰山模型中人的素质被划分为水面上与水面下两大部分，其中水上部分主要是指人的技能、知识等容易被测量及感知的表象特征；水下部分主要是指人的社会角色、潜在特质、动机等潜在特征，这部分的特质往往不容易被发掘。从此理论可看出，影响人的素质的主要方面是团队影响力等潜在因素。

图4-2　麦克利兰冰山模型

理论贡献：

（1）麦克利兰指出了各种社会需要往往会人们的行为共同起作用，而且会有一种需要对行为起主要作用的观点，是其理论中对马斯洛需要层次理论的一个最大的批判与发展。

（2）麦克利兰指出，预测业绩的最好因素不是诸如学历、技能等外在条件，而是人的深层素质，也就是水下的冰山部分。这个比喻看似浅显，却蕴含着巨大的理论价值和实践价值，对管理学尤其是人力资源管理产生了重大影响。它揭示出影响个人绩效的最主要的素质并非是我们传统认为的那些东西。

（3）麦克利兰对于权力（支配）需要的研究则更进了一步。尽管他的观点还有再探讨的必要，但他对成就需要会妨碍领导活动的论证，对亲和需要不足以维系组织运转的论证，以及对权力两面性的区分，在领导理论中是极具启发意义的。

（资料来源：根据 MBA 智库百科内容整理）

知识链接三：佛罗姆的期望理论

期望理论又称作"效价—手段—期望理论"，是由维克托·佛罗姆在《工作与激励》中提出来的激励理论。

理论应用：期望理论是个因素反映需要与目标之间的关系的，要激励员工，就必须让员工明确以下几点：

工作能提供给他们真正需要的东西；

他们欲求的东西是和绩效联系在一起的；

只要努力工作就能提高他们的绩效。用公式来表示此种关系则为：激励＝期望值 × 效价。

（资料来源：维克托·佛罗姆.《工作与激励》，1964）

知识链接四：贝尔宾的团队角色理论

当组建团队时，我们必须思考这样的问题：要组建什么样的团队？需要什么样的队员？他们分别在团队中担任什么样的角色？当你对这些问题无从下手时，此时可以参考"贝尔滨的团队角色理论"。

剑桥产业培训研究部前主任贝尔宾博士和他的同事们经过多年在澳洲和英国的研究与实践，发现每一个团队的组成人员都涵盖3大类、9种不同的角色，依据成员所表现出来的个性及行为特征所划分，分别担纲活动执行、创意发想与流程管理等各个面向的活动，当团队中具备了这9种角色时，其组织活动就运行良好。据此，马里谛斯·贝尔宾提出了著名的贝尔宾团队角色理论，即一支结构合理的团队应该由八种人组成，每种角色未必只能由一人担任，可以一人分饰多角，必要时甚至进行角色转换。团队成员必须清楚其他人所扮演的角色，明确每位成员的职责，了解如何相互弥补不足，发挥优势。透过这9种角色去规划和寻找组员，能让团队的构成更多元、合理，成员各司其职。

根据贝尔宾团队角色理论，团队中的八种角色分别为（表4-2）：

表4-2　团队中的八种角色

角色	角色描述	在团队中的作用
实干家	实干家是专注的，他们会为自己获得专业技能和知识而感到骄傲。他们首要专注于维持自己的专业度以及对专业知识的不断探究之上	（1）把谈话与建议转换为实际步骤 （2）考虑什么是行得通的，什么是行不通的 （3）整理建议，使之与已经取得一致意见的计划和已有的系统相配合
协调员	协调者能够凝聚团队的力量向共同的目标努力在人际交往中，他们能够很快识别对方的长处所在，并且通过知人善用来达成团队目标	（1）明确团队的目标和方向 （2）选择需要决策的问题并明确先后顺序 （3）帮助确定团队中的角色分工、责任和工作界限 （4）总结团队的感受和成就，综合团队的建议
推进者	推进者是充满干劲的、精力充沛的、渴望成就的人。他们非常有进取心，性格外向，拥有强大驱动力。他们喜欢领导并激励他人采取行动	（1）寻找和发现团队讨论中可能的方案 （2）使团队内的任务和目标成形 （3）推动团队达成一致意见，并朝向决策行动
智多星	智多星创造力强，充当创新者和发明者的角色。他们为团队的发展和完善出谋划策。他们的想法总是很激进，并且可能会忽略实施的可能性	（1）提供建议 （2）提出批评并有助于引出相反意见 （3）对已经形成的行动方案提出新看法
外交家	外交家是热情的、行动力强的、外向的人。他们与生俱来是谈判的高手，并且善于挖掘新的机遇、发展人际关系、发掘那些可以获得并利用的资源	（1）提出建议，并引入外部信息 （2）接触持有其他观点的个体或群体 （3）参加磋商性质的活动

角色	角色描述	在团队中的作用
监督员	监督员是态度严肃的、谨慎理智的人，他们倾向于三思而后行，善于在考虑周全之后作出明智的决定，非常具有批判性思维	（1）分析问题和情景 （2）对繁杂的材料予以简化，并澄清模糊不清的问题 （3）对他人的判断和作用做出评价
凝聚者	凝聚者是在团队中给予最大支持的成员。他们性格温和，擅长人际交往，灵活性强，适应不同环境和人的能力非常强	（1）给予他人支持，并帮助别人 （2）打破讨论中的沉默 （3）采取行动扭转或克服团队中的分歧
完美主义者	完美主义者是坚持不懈的、注重细节的。完成者并不太需要外部的激励或推动，而是更偏好自己来完成所有的任务	（1）强调任务的目标要求和活动日程表 （2）在方案中寻找并指出错误、遗漏和被忽视的内容 （3）刺激其他人参加活动，并促使团队成员产生时间紧迫的感觉

理论应用：

（1）角色齐全。唯有角色齐全，才能实现功能齐全。正如贝尔宾博士所说的，用我的理论不能断言某个群体一定会成功，但可以预测某个群体一定会失败。所以，一个成功的团队首先应该是实干家、信息者、协调者、监督者、推动者、凝聚者、创新者和完美主义者这八种角色的综合平衡。

（2）容人短处，用人所长。知人善任是每一个管理者都应具备的基本素质。管理者在组建团队时，应该充分认识到各个角色的基本特征，容人短处，用人所长。在实践中，真正成功的管理者，对下属人员的秉性特征的了解都是很透彻的，而且只有在此基础上组建的团队，才能真正实现气质结构上的优化，成为高绩效的团队。

（3）尊重差异，实现互补。对于一份给定的工作，完全合乎标准的理想人选几乎不存在——没有一个人能满足我们所有的要求。但是一个由个人组成的团队却可以做到完美无缺——它并非是单个人的简单罗列组合，而是在团队角色上亦即团队的气质结构上实现了互补。也正是这种在系统上的异质性、多样性，才使整个团队生机勃勃，充满活力。

（4）增强弹性，主动补位。从一般意义上而言，要组建一支成功的团队，必须在团队成员中形成集体决策、相互负责、民主管理、自我督导的氛围，这是团队区别于传统组织及一般群体的关键所在。

除此之外，从团队角色理论的角度出发，还应特别注重培养团队成员的主动补位意识——即当一个团队在上述八种团队角色出现欠缺时，其成员应在条件许可的情况下，能够增强弹性，主动实现团队角色的转换，使团队的气质结构从整体上趋于合理，以便更好地达成团队共同的绩效目标。事实上，由于多数人在个性、禀赋上存在着双重，甚至多重性，也使这种团队角色的转换成为可能，这一点也是为我们测试结果及实践所证实了的。

（资料来源：根据 http://www.belbin.com/resources/books/ 等贝尔宾协会网站整理而得）

（推荐阅读：《管理团队成败启示录》《超越团队》《未来的组织形式》等贝尔宾协会书籍）

【拓展阅读】

深圳JK公司案例分析

深圳市 JK 科技有限公司是中国最早进入液晶大屏幕拼接的厂商之一，创始人创业前就职于一家同类型的上市公司，担任技术负责人，后为求更大的发展空间和实现个人价值而辞职创业，公司创始人从原就职公司召集了几个在理念上相近的同事，集资成立了深圳 JK 科技有限公司，力求在液晶屏幕拼接方面做出一番成绩。

（1）深圳JK公司创业团队的组建流程图，见图4-3。具体而言，深圳JK公司创业团队组建的主要工作分六大步骤：

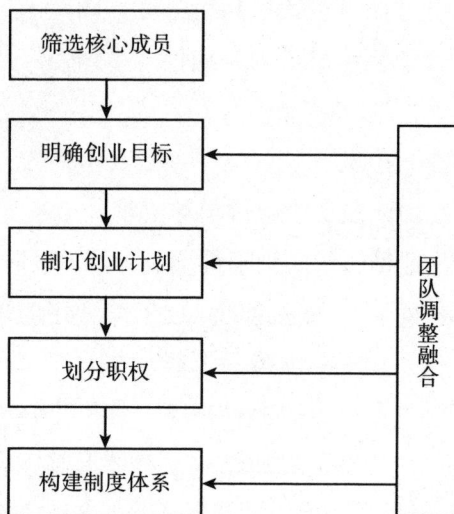

图4-3　深圳JK公司创业团队组建程序

第一步：筛选核心成员。在企业成立之初，必须要有一些志同道合，有创业意愿的人才作为核心成员发起创业，创建初步团队模式，在自己熟悉的圈子、共同擅长的领域进行筛选，挑选优势互补，志向相同的人参与到创业团队中来。

第二步：明确创业目标。在组建创业团队的过程中，核心团队成员应具备共同的创业目标，一方面可以明确自身的创业思路，另一方面也可从中找到新的创业机会，吸引更多的人加入到创业团队中来，辅助核心成员完成创业目标。

第三步：制订创业计划。有目标固然是好事，但是如果没计划，那么成功的概率将大大降低，对于刚成立的创业团队无疑是极大的打击。围绕创业目标，应该根据市场调查数据及各核心成员掌握的资源情况制订相应的总体创业计划，再分阶段细化，责任到人，最终达到落实总体计划的目的，培养团队协作能力。

第四步：划分职权。各司其职、权责相当是深圳JK公司创业团队保持高效运作的关键。企业整体运作、生产管理、行政人事等各个部口实现条块管理，既有分工又有合作有条不紊地管理是创业团队有效工作的基础，有利于团队携手共进，实现创业目标。

第五步：构建制度体系。完善的体系制度是保持创业团队有效实施管理的关键。虽然深圳 JK 公司创业团队的管理有其特殊性，但其重点在于团队人力资源的整合、激励和调整等方面。

第六步：团队调整融合。在前五步有效实施的基础之上，团队就进入了调整。

（2）深圳 JK 公司创业团队成员主要职责划分。深圳 JK 公司创始人及各部门核心成员分别有管理、技术、财务、行政、营销等方面的背景，具体分工如图 4-4：

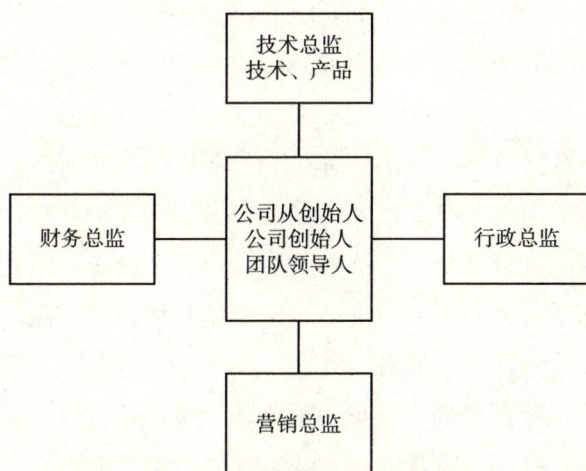

图4-4　深圳JK公司组织架构图

公司创始人：深圳 JK 公司总经理，是液晶屏幕、液晶监视器等领域的技术专家，具备一定的管理经验，是公司的创始人。

技术顾问：来自深圳 JK 公司的竞争对手公司，以前曾因为液晶技术问题，与公司创始人合作过，基于能力互补的需求，公司创始人邀请其加入自己的公司，成为技术总监。

财务部经理：财务管理经验较为丰富，做事严谨。原单位效益不好，压力较大，跟公司创始人有相同的理念，决定加入创业团队。

公司行政总监：擅长行政人事管理工作，有良好的内外部协调与沟通技能。

公司营销总监：擅长公关、谈判，对法律尤其是公司法比较精通。思维缜密、性格外向、分析问题能力强。

经过一段时间积累后，JK公司开始向新产品研发和市场销售方面发展，想要在短时间内把一个以安装为主的公司发展成为集研发、销售、技术服务为一体的公司，并在液晶屏幕拼接方面成为行业的领军者。此时，众多新兴资本的进入也让液晶屏外接行业成为一片红海，要提升自己的实力，就必须吸纳各方面的人才，进行产品的自主研发，提高产品的附加值，参与到更高一级的市场竞争中。后创始人经公司股东会议讨论决定，拿出公司的部分股份作为股权激励，吸纳人才。为稳定公司创业核心成员，创始人承诺先在原成员之间进行股权分配，合理分配原有创业班底股份。公司创始人在技术圈内按照自己的条件，寻找到了几位专家型的人才加入。

（3）问题出现。液晶拼装市场竞争激烈，客户选择余地大，因此对于质量和设计及价格方面常常会提出很多要求，负责这部分业务的工程部通过谈判获得的业务，在交给具体部门实施时，这些部门常常抱怨业务要求太苛刻，最后获得的利益太少，有些得不偿失。这种议论让工程部很恼火，指责他们不了解市场行情，不了解市场竞争的程度，只想轻松赚钱，工程部与安装部之间常发生争吵。

在业绩考核方面，由于指标不一致，JK公司创业核心成员分属不同的部门，各个部门的业绩考核标准不同，造成了各个部门面临的压力和目标要求不平衡。有的管理部门完成业绩考核很轻松，而设计和安置部门因为直接面对市场，业绩指标完成的压力大，两部门认为这样核算业绩对自己不公，常常在公司会议上提出要进行调整和解决。但工程和设计部门是直接为JK公司带来效益的部门，公司创始人对这两个部门提出的解决方案直接否定，这又引起两个部门的领导和员工的不满，最后不是经常发生争吵，就是出现消极怠工情况。同时，这两个部门的员工也是跳槽、离职最多的部门。核心部门出现问题，创始人拿不出解决方案，常常为此指责这两个部门，导致争吵程度愈演愈烈。

最终，在企业发展的后期，由于多方面原因，深圳 JK 公司经历了由小到大、由盛而衰的过程。

（资料来源：深圳 JK 公司创业团队建设研究 [D]. 温思卫 . 广西师范大学，2016）

【思考练习】

（1）深圳 JK 公司失败的原因是什么？

（2）JK 公司在团队建设方面有什么问题？

（3）代入角色，思考 JK 公司组织架构中，各部门分别扮演了什么角色？

（4）探讨 JK 公司关于团队文化建设方面的问题。

第5章　创业项目分析

【案例导入】

兴趣圈创业，潜途旅行要怎么开垦"无人之地"

随着新一代消费群体的迅速崛起，传统的旅游方式已不能满足消费者多元化的需求，有别于传统的观光旅游，休闲型、体验型的度假旅游正在受到越来越多新一代消费者的青睐，也很自然地成为一些创业企业的发力点，为中国用户提供海外潜水预订服务的潜途旅行就属于这批涌入者。

2014 年，潜途旅行创始人兼 CEO 魏静鹏（Michael）辞去 IT 营销的工作，作为潜水运动的资深粉丝，他和他的团队找到了这个市场的切入点，为了让更多的人发现潜水的乐趣，他们开启了对潜水旅游产业的"深潜"。

根据中国潜水运动协会公布的统计数据，2010 年世界范围内体验潜水服务的收入为 120 亿元，而到了 2015 年，这一数字翻了一倍，达到 246.66 亿元。在中国，休闲潜水始于最近的 20 年，虽然近些年也涌现了很多潜水俱乐部和垂直细分的潜水公司，但目前中国的消费群还属于亟待挖掘和培养的阶段。

从无到有做"加法"

目前，潜途旅行是面向中国市场的，既面向 B 端商户又面向 C 端消费者的服务平台，消费者在平台上可以预订包括潜店、教练和船宿的服务，潜水产业链上的商户提供产品的同时也获得包装和推广的机会。

在过去，潜途旅行一直在做潜水目的地资源以及用户的覆盖。

市场在变化，Michael 发现，潜水消费者近两年有很大的变化，特别是在过去的一年，潜水的消费人群已不仅仅是那些拥有更多自由时间和财务支配能力的人，而是慢慢地向年轻一代消费群体渗透，潜途旅行的客户大多在 30 岁以下，且女性偏多。

由于面对的是一个小众市场，在用户获取上，潜途旅行会不定期邀请潜水达人和教练进行线下分享，同时与海外旅游局如马来西亚、菲律宾、印尼旅游局等合作，与健身俱乐部、酒会以及跑群互动，进行用户导流。

为了扩大用户规模，潜途旅行对不同阶段的用户进行分层管理。Michael 将潜途旅行 C 端的用户分为三类，一是没有潜水证想持证的用户，他们对潜水知识有着强烈的需求，是课程的潜在用户；二是初级的"小白用户"，这一阶段的用户消费能力最强；三是成熟用户，他们潜水频次高、经验多、对自我需求有清晰的认识，属于高价值的用户，但黏性比较难形成。潜途旅行的消费客群主要集中在国内的一线城市。

在供应商合作方面，潜途旅行在售的目的地有 60 个，其中有近 300 家潜水目的地供应商和 300 多位教练，产品集中在东南亚等热门景点。在用户方面，潜途旅行微信公众号粉丝超 3 万，App 注册用户近两万人，潜途 60% 以上的收入来自高净值用户，主要集中在东南亚等热门目的地，整个潜水服务的毛利率水平在 20% 左右。

提升效率做"减法"

潜途旅行和很多创业公司一样，创业初期做得更多的是资源和用户的覆盖，是做"加法"，而从 2016 年年底到现在，他们更多的是在做"减法"。

从 2016 年开始，潜途旅行的目标不是订单规模的增长，他们更多地在思考，通过对自身效率的提升，把产品做好，提升客单价。"从 2016 年年底到 2017 年半年的时间，我们一个月的订单规模没有比以前高太多，不过客单价比以前的 3000 ～ 5000 元有所提高。"

对占市场份额 5% 以上的目的地产品，潜途旅行会做考察和调研，也有自己带队体验，针对潜店的合作商，潜途会根据服务水平、服务能力、库存情况和理念进行筛选，每个目的地重点推荐的潜店不超过 3 家。从潜途自身来看，对于 11 人的创业团队来说，平衡好效率和资源投入尤其重要。潜途旅行发现，如果不提高库存管理和订单处理的效率，就需要增加非常多的客服来维系。在用户培养方面，无论是小白用户还是资深玩家，要实现最终的转化，是要花很多时间和精力逐渐培养的。

潜途旅行并不单独和酒店合作，因为他们的供应商几乎都有自己的 divingcenter，大部分服务商都可以提供住宿服务，潜途也会与旅行社合作，打包部分热门目的地的潜水套餐。

在 B 端商户上，潜途旅行目前主要与中国人在海外经营的潜店及当地潜店合作，与这两者的合作有很多不同的地方，"海外的潜店，在市场成熟以后，他们知道怎么做效率才会最高，他们会专心去做自己店内的服务，比如，店内管理、客人服务、课程教学，等等"。

小众细分市场机会在哪

在创业的最初，潜途旅行就有意避开传统的旅游市场，不想做成旅行社，也不做竞争激烈的大交通和大住宿，潜途始终是在做潜水服务，并希望能在这条产品线上创造出价值。

行业分工做好了，市场才会有更大的共赢机会。做项目这两三年，Michael 发现潜水市场缺乏行业分工，还没有出现能够提高行业效率的良性、有序和高效的业态，市场要做大，就必须改变这一现状，而潜途想做这个改变者，它想让这个行业的从业者、投资者都能得到正常的回报。

"潜途最大的优势是，经过这些年的积累和沉淀，它有更大的空间去整合各方面的资源。"Michael 表示，潜途的优势在 B 端，在资源的整合上。潜途目前正联合海外度假村、潜水教练、潜水俱乐部进行合作，帮助他们做整合和推广。"目前有十几家俱乐部与我们采取这样的合作：他们主要去做招人、带队，我们平台把那些目的地资源完全共享给他们，帮他们把行程线路设计好、把价格核算好。"同时，潜途还会联合中国潜水协会去帮助海外教练、俱乐部做推广；与旅游局合作，将旅游局资源打包在潜水产品里。

从潜途的发展走向来看，他们在 B 端上更有优势。做行程、做价格核算，这看起来更像是定制旅游公司在做的事情，潜途要发挥 toB 的价值，需要继续横向、纵向深挖，或技术或服务。

从目前的受众群来看，潜在用户的市场还很大。然而，现在的营销很多都是基于潜水圈内部的，没有更大的推广，如何用更好的形式去做导流，让更多的人发现潜水的乐趣，还是一块亟待挖掘的空间。

（资料来源：http://www.traveldaily.cn/article/115944）

【学习目的】

- 了解创业项目的常见分析方法
- 掌握 PEST 分析法
- 掌握 SWOT 分析法
- 掌握波特五力模型

【知识要点】

创业项目的常见分析方法主要包括：PEST 分析法、SWOT 分析法、波特五力模型分析法、GE 矩阵分析法、四象限分析法等。这几种方法侧重点有所不同。对于绝大多数创业企业来说，采用全面分析的方法来做计划并不可行，创业企业有必要结合自身的特点，把行动与分析相结合，探索贴合创业特色的项目分析方法。

5.1　PEST分析法

PEST 分析是对企业总体外部环境的分析，包括政治（Politics）、经济（Economy）、社会（Society）、技术（Technology）。如表 5-1 所示。

政治环境：主要包括政治制度与体制，政局，政府的态度等；法律环境主要包括政府制定的法律、法规；

经济环境：指构成经济环境的关键战略要素。GDP、利率水平、财政货币政策、通货膨胀、失业率水平、居民可支配收入水平、汇率、能源供给成本、市场机制、市场需求等；

社会文化环境：影响最大的是人口环境和文化背景。人口环境主要包括人口规模、年龄结构、人口分布、种族结构以及收入分布等；

技术环境：技术环境主要是有关的新技术、新工艺、新材料的出现和发展趋势以及应用背景。

表5-1　PEST分析法

环境因素	主要经济变量	需考虑因素
政治和法律因素	·政府行为 ·国际政治法律因素 ·法律法规 ·政局稳定状况 ·路线方针政策 ·各政治利益集团	（1）政治环境是否稳定？ （2）国家政策是否会改变法律，从而增强对企业的监管并收取更多的赋税？ （3）政府所持的市场道德标准是什么？ （4）政府的经济政策是什么？ （5）政府是否关注文化与宗教？ （6）政府是否与其他组织签订过贸易协定等？

续表

环境因素	主要经济变量	需考虑因素
经济因素	·GDP、汇率、利率水平 ·财政货币政策、通货膨胀 ·失业率水平 ·居民可支配收入水平 ·社会经济结构 ·经济体制和经济政策	（1）当前的汇率、利率如何？ （2）通货膨胀率与人均就业率的高低？ （3）人均GDP的长远预期是好是坏？ （4）当前的经济体制和经济政策是否有利？
社会和文化因素	·人口因素 ·社会流动性和各阶层对企业的期望 ·消费者心理 ·文化传统 ·价值观	（1）信奉人数最多的宗教是什么？ （2）这个国家的人对于外国产品和服务的态度如何？ （3）语言障碍是否会影响产品的市场推广？ （4）这个国家的男人和女人的角色分别是什么？ （5）这个国家的人长寿吗？老年阶层富裕吗？ （6）这个国家的人对于环保问题是如何看待的？
技术因素	·技术环境水平 ·技术水平 ·技术力量 ·新技术的发展	（1）科技是否降低了产品和服务的成本，并提高了质量？ （2）科技是否为消费者和企业提供了更多的创新产品与服务，例如，网上银行、新一代手机等？ （3）科技是如何改变分销渠道的，例如，网络书店、机票、拍卖等？ （4）科技是否为企业提供了一种全新的与消费者进行沟通的渠道，例如，Banner广告条、CRM软件等？

拿政治和经济两个坐标来说，若创业项目所在国政治环境和经济环境都好的情况下，此项目可以发展；反之，政治环境和经济环境都不理想的情况下，此项目就不能发展。

环境一个好一个不太好的时候，就要适当考察，根据创业项目发展需要考虑是否要进行。

PEST 分析法的应用领域有：公司战略规划，市场规划，产品经营发展，研究报告撰写等。

5.2　SWOT 分析法

SWOT 分析法是扬长避短的有效分析的方法，主要用来确定创业者及其创业企业本身的优势（Strength）、劣势（Weakness）、机会（Opportunity）和威胁（Threat），从而将创业战略与创业资源、市场环境有机结合。SWOT 矩阵分析法的实质就是让创业者清楚自己有哪些优势、有哪些机会，以便利用外部机会，发挥自身优势（表 5-2）。

表5-2　SWOT分析法

内部因素	S（Strengths）	（1）擅长什么？ （2）组织有什么新技术？ （3）能做什么别人做不到的？ （4）和别人有什么不同的？ （5）顾客为什么选择？ （6）最近因何成功？
	W（Weaknesses）	（1）什么做不来？ （2）缺乏什么技术？ （3）别人有什么比我们好？ （4）不能够满足何种顾客？ （5）最近因何失败？

外部因素	O（Opportunities）	（1）市场中有什么适合我们的机会？ （2）可以学什么技术？ （3）可以提供什么新的技术/服务？ （4）可以吸引什么新的顾客？ （5）怎样可以与众不同？ （6）组织在3～5年内的发展？
	T（Threats）	（1）市场最近有什么改变？ （2）竞争者最近在做什么？ （3）是否赶不上顾客需求的改变？ （4）政治环境的改变是否会伤害组织？ （5）是否有什么事可能发生？

（资料来源：俞涛.SWOT分析模型在战略形成中的应用研究[J].经济技术协作信息，2008，3）

SWOT 分析的步骤如下：

罗列企业的优势和劣势、可能的机会与威胁；

将优势、劣势与机会、威胁相组合，形成 SO（优势—机会）、ST（优势—威胁）、WO（劣势—机会）、WT（劣势—威胁）策略；

对 SO、ST、WO、WT 策略进行甄别和选择，确定企业目前应该采取的具体战略与策略。

5.3 波特五力模型分析法

如果创业者要进入某一个新行业，或者要进入一个新的产品领域，就要分析会遇到哪些竞争因素。波特五力模型分析法则有助于新创企业认清周围的竞争形式，帮助企业确定自己在行业中的位置，从而确定其对应的策略（图 5-1、表 5-3）。

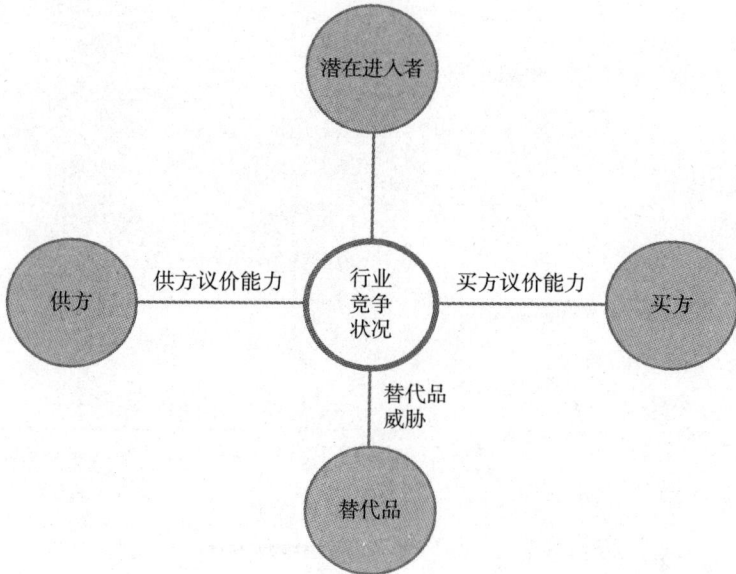

图5-1　波特五力模型

表5-3　波特五力模型分析法

供应商的议价能力	供应商力量决定因素	·是否有进货差别、替代货源的出现？ ·行业内和供应商的转移成本如何？ ·供应商的集中度怎样？ ·进货成本差别的影响。 ·行业内公司向前和向后整合的差别
新进入者	新进入者决定因素	·进入壁垒是高是低？ ·是否拥有规模经济、成本优势？ ·产品差异性有多大？ ·是否拥有必要的销售渠道、进货渠道？ ·是否有独有的低成本设计？ ·政府政策对其有何影响？

购买者议价能力	客户力量决定因素	·客户对价格敏感度是否高？ ·客户对于本品牌认可度？ ·顾客对该产品促销的接受情况如何？ ·购买者有能力实现后向一体化，而卖主不可能前向一体化。 ·客户对于产品差别、质量性能的影响程度？ ·客户向后整合的能力如何
替代品威胁	替代品威胁决定因素	·替代品价格对自己产品影响程度？ ·客户对替代品倾向如何？ ·转移成本是高是低
行业竞争状况	竞争决定因素	·是否有很多势均力敌的竞争对手？竞争参与者范围是否广泛？ ·市场或者产品需求增长是快是慢？ ·市场上有无相同的产品或服务？品牌认可度如何？ ·用户转换成本是否低？ ·进、退出障碍是否高？ ·市场信息复杂度如何

【课堂设计】

资料来源：（改编自得到App《刘润·5分钟商学院》，2017.11.21）

课堂设计一：跨国企业

目的：

PEST 模型的四个字母分别代表"俯视宏观"的四个角度：Political（政策），Economic（经济），Social（社会文化），Technological（技术），要让学生理解各角度应该怎样分析与思考。

道具：笔，纸。

设计简介：

假设你是一家国内机械设备的代工商，主要承接海外订单，最近几年订单有所减少，公司开会考虑是否要从代工转型自建品牌，然后借助第三方的跨境电商平台，面对海外直接销售。利用 PEST 模型讨论该战略是否可行。

说明：实验过程中，教师要注重引导。以下列举教师引导的几个方面进行参考。

引导：引导出 PEST 各层面因素

问题：本实验项目中，面临的宏观环境因素有哪些？请大家一起罗列

本实验项目中，请大家讨论各要素主要变量是什么。

教师引导：针对 PEST 分析法中各层面因素如何引导学生思考如：

角度	含义	引导
Political（政策）	简单来说，就是："领导"想让你干什么	然后你发现，"一带一路"在鼓励你把优势产能向海外输出。你脑海里闪现出一个念头——跨境电商
Economic（经济）	简单来说，就是：经济的海洋中，你看到哪里在潮起，哪里在潮落	比如，最近几年RMB有所贬值，出口相对于进口，更能利用这个趋势。此时，你脑海里有了做"出口跨境电商"的想法
Social（社会文化）	简单来说，就是：此路不通，要走何路的问题	人口红利丧失、人工成本上涨后怎么办？你只能提高产品价格才能支撑利润，但提高产品价格要靠什么？品牌溢价。此时，你觉得公司要走"自有品牌的出口跨境电商"之路
Technological（技术）	俯视技术的角度包括：新能源，互联网，大数据，人工智能，产业技术等	什么技术会对"自有品牌的出口跨境电商"有影响？大数据技术已经日趋成熟，人工智能也被国家提到了战略的高度，如果你此时还在用着excel来管理客户，还用着单机版的财务管理系统来记账，那你基本快要和这个时代脱节了
总结	分析完P-E-S-T，你明确了公司的战略转型方向：5年内，借助大数据、人工智能新技术，打造出口跨境电商，从代工厂转型为拥有自有品牌的制造商	

课堂设计二：火锅店

设计目的：

检验学生对于波特五力模型的知识要点的掌握程度。

设计逻辑：

每家企业都受"直接竞争对手、顾客、供应商、潜在新进公司和替代性产品"这五个"竞争作用力"的影响。一个小小的火锅店，也可以用"五力模型"来进行系统性的分析，得出一些有效的"竞争战略"。

道具：笔，纸。

设计简介：

假设你在 X 商场开了一个火锅店，生意还不错，但对面有个旋转小火锅，把你好多顾客从你店里"转"走了，转角处还开了个小龙虾店，好像卖得也不错，每天都有好多人排队，对面的超市里面什么都卖，价格也不算贵，好多人直接上超市买了菜和火锅底料回去自己做……那么问题来了，看上去他们好像都是你的竞争对手，你要怎么分析这件事呢？

说明：实验过程中，教师要注重引导。以下列举教师引导的几个方面进行参考。

引导：本实验项目中，面临的主要竞争对手、供应商有哪些？各要素主要变量是什么？你可以采取什么样的策略？请大家一起罗列

教师引导：可以做一个问题列表（表5-4）如下：

表5-4　问题列表

层面	问题	对策
直接竞争对手	那个旋转小火锅店、拐角那家小龙虾店，整个地下一层的餐饮店，都是你的直接竞争对手。 电梯门"叮"得一声打开能走出来多少人，平均来你家吃饭的人能不能养活你的火锅店？ 如果你处在一个"充分竞争"甚至"过分竞争"的市场，该怎么办	（1）组成"餐饮联盟"，和X商场合作引流； （2）提供更优异、更便宜，或者差异化的服务； （3）三十六计，走为上。实在干不过就准备撤嘛。

层面	问题	对策
顾客	不要小看顾客的谈判能力，商场的员工出示员工卡可以获得更多的折扣。如果你在他合作列表里，流量有了，但利润不高；如果你不在他合作列表里，流量不多，赚钱会更少。该怎么办	考虑组个"餐饮联盟"，增加餐厅谈判力量。考虑发行统一的"联盟优惠卡"，冲100送100，联盟内餐厅随便花
供应商	如果你的火锅食材是从当地最大的"供应商"采购的，它同时服务几百家客户，那你基本就没有什么谈判力量。该怎么办	可以考虑换家小一点的供应商，小到你的生意对他足够重要
潜在新公司	这个商场经营不利，近期可能会关掉一些服装店来做餐饮。这时你就面临"潜在新进公司"这股"竞争作用力"了。该怎么办	（1）提高他们的进入门槛，比如，联合其他餐厅，一起策略性地降价，让新来的赔个血本无归； （2）发行储值卡、优惠券，冲1000送500，锁定未来2~3年的收入，让潜在进入者知难而退
替代品	对拥有实体店面的你来说，最大的替代性产品，是外卖服务。那些拐弯抹角里的低成本餐厅，通过各种外卖App抢走了你的客户；超市便利店里也有盒饭和微波炉，甚至盒马鲜生都在超市开起了餐厅，直接现买现做现吃……那怎么办？ 试着开发出不用火、不用电的"自煮火锅"产品吧，然后和各种外卖平台合作。让那些加班工作的程序员们，不用下楼，也能吃上热腾腾的火锅

【知识链接】

知识链接一：GE矩阵分析法

创业者创办企业之初最容易迷茫的是业务范围太大，感觉值得做的业务太多，项目难以取舍。GE 矩阵主要是用来根据创业业务项目在市场上的实力和所在市场的吸引力，对业务项目进行评估。创业者可以根据市场吸引力和自身业务实力两个维度绘制 GE 矩阵图，评估规划业务项目（或业务单位）。

表5-5　GE矩阵分析法

	尽量扩大投资，谋求主导地位	市场细分以追求主导地位	专门化，采取购并策略
	选择细分市场大力投入	选择细分市场专门化	专门化，谋求小块市场份额
	维持地位	减少投资	集中于竞争对手盈利业务，或放弃

产业吸引力（纵轴，高/中/低）　业务实力（横轴，强/中/弱）

具体方法：

（1）定义各因素。选择要评估业务（或产品）实力和市场吸引力所需要的重要因素。

（2）评估内部因素和外部因素的影响。确定内外部影响的因素，并确定其权重。根据产业状况和创业者状况定出产业吸引力因素和企业竞争力因素的级数（5级），最后，用权重乘以级数，得出每个因素的加权数并汇总，得到整个产业吸引力的加权值。

（3）对外部因素和内部因素的重要性进行评估，得出衡量实力和吸引力的简易标准。可采用定性和定量两种方法。

（4）将该战略业务单位标在 GE 矩阵上。其中，矩阵坐标纵轴为产业吸引力，横轴为业务实力。

（5）对矩阵进行诠释。通过对战略业务单位在矩阵上的位置分析，创业者就可以选择相应的战略举措。实践中的有效战略为：高位优先发展，中位谨慎发展，低位收割收缩。

知识链接二：四象限分析法

四象限分析法（也称为波士顿矩阵法）是一种规划业务组合的方法，即把企业生产经营的全部产品或业务的组合作为一个整体进行考察，分析企业相关经营业务之间，现金流量的平衡问题。

　　四象限分析法将企业所有业务从市场增长率和相对市场份额角度进行组合。在坐标图上，以纵轴表示市场增长率，横轴表示与这个市场上最大的竞争对手市场份额之比的相对市场份额，将坐标图划分为四个象限，依次为"问题""明星""金牛""瘦狗"（图5-2）。

		相对市场占有率	
		高	低
销售增长	高	明星类： ·需要继续投入资源以稳固市场份额	问题类： ·尚未打开市场 ·发展潜力较大 ·需加大投入获取市场或出售
	低	金牛类： ·资源投入较少 ·企业的主要经济来源	瘦狗类： ·衰退类业务 ·撤退战略 ·可将此类业务单元合并，统一管理

图5-2　四象限矩阵

　　对于"明星"类业务，要进行大量投资，扩大战略业务单位的市场份额；对于"现金牛"业务，创业者要做短期性投资，在短期内尽可能地得到最大限度的现金收入四象限分析法可以帮助创业者分析创业项目的投资业务组合是否合理。对于"问题"业务，创业者在明确其"明星"业务发展趋势的前提下，可以进行超前性投资，以获得市场先机；对于无利可图的"瘦狗"业务，创业者要坚决舍弃，以保证有限资源的高效利用。

知识链接三：波特五力模型的战略应用

　　分析完波特五力模型后，我们常常要思考：我们如何来运用该模型？针对每一部分的竞争力量，需要采取怎样的战略或者策略更合适？此时，就需要明确波特五力模型与一般战略的关系（表5-6）。

　　事实上，波特五力模型并不是独立的个体理论，波特五力模型与价值链模型（valuechain）和一般战略模型（genericstrategies）一起构成了完整的波特战略模型。

表5-6　波特五力模型与一般战略的关系

波特五力模型与一般战略的关系			
行业内的五种力量	一般战略		
	总成本领先战略	差异化战略	集中战略
新进入者的威胁	具备杀价能力以阻止潜在对手的进入	培育顾客忠诚度以挫伤潜在进入者的信心	通过集中战略建立核心能力以阻止潜在对手的进入
买方议价能力	具备向大买家出更低价格的能力	因为选择范围小而削弱了大买家的谈判能力	因为没有选择范围使大买家丧失谈判能力
供方议价能力	更好地抑制大卖家的议价能力	更好地将供方涨价部分转嫁给顾客方	进货量低，供方的议价能力就高，但集中差异化的公司能更好地将供方的涨价部分转嫁出去
替代品的威胁	能够利用低价抵御替代品	顾客习惯于一种独特的产品或服务，因而降低了替代品的威胁	特殊的产品和核心能力能够防止替代品的威胁
行业内对手的竞争	能更好地进行价格竞争	品牌忠诚度能够使你的顾客不理睬你的竞争对手	竞争对手无法满足集中差异化顾客的需求

通常一个完整的波特战略分析的顺序为：

价值链分析 → 波特五力模型分析 → 一般战略分析

该模型的理论是建立在以下三个假定基础之上的：

（1）制定战略者可以了解整个行业的信息，显然现实中是难于做到的；

（2）同行业之间只有竞争关系，没有合作关系。但现实中企业之间存在多种合作关系，不一定是你死我活的竞争关系；

（3）行业的规模是固定的，因此，只有通过夺取对手的份额来占有更多的资源和市场。但现实中企业之间往往不是通过吃掉对手而是与对手共同做大行业的蛋糕来获取更多的资源和市场。同时，市场可以通过不断地开发和创新来增大容量。

因此，要将波特的竞争力模型有效地用于实践操作，以上在现实中并不存在的三项假设就会使操作者要么束手无策，要么头绪万千。

【拓展阅读】

PEST分析法案例——保健品行业PEST分析

所谓保健品行业"PEST"分析是指通过对政治、经济、社会和技术等因素进行分析，来确定这些因素的变化，对保健品行业发展战略管理过程的影响。

（1）从政治法律角度看，政府主管部门的更迭也带来保健品行业新变化。保健品标准和规定缺失且相互矛盾，如我国卫生部制定的《食品添加剂使用标准》（B276196 规定食品中不允许含过氧化氢（双氧水），但某些生产规章又规定有保健食品的过氧化氢残留标准。由于缺乏有关的行业管理和国家标准造成保健品行业目前假冒伪劣产品、虚假广告、价格虚高等现象严重。企业在现有法规下宣传自己的产品很容易违规。法规规定，保健食品不能宣传治疗作用。另一方面，保健食品中使用的中草药在药典中都有治疗作用。可是一用到保健食品里就不能宣传了，似乎治疗作用全没了。

2003 年 3 月 7 日，国务院公布机构改革方案决定成立国家食品药品监督管理局，原属卫生部管理的保健品划归 SDA 管理，自2003 年 6 月 1 日起，卫生部已停止受理保健品的申报，同年 1 月10 日，国家食品药品监督管理局完成交接，正式开展保健品的审批工作。受非典、部门移交影响，当年度保健品报批工作停顿了半年之久。从长期看，国家食品药品监督管理局接手保健品行业管理职责，有助于让保健品行业更规范、更健康的发展。

（2）从经济的角度看，市场竞争日益激烈，跨国公司成为行业领头羊。保健品市场在过去的 2 年间，国外跨国公司一直鲜有涉足，市场被本土保健品企业牢牢占据，2003 年在保健品行业陷入低潮之时，美国安利却凭借独特的销售模式异军突起，实现了年销售额 3 亿元的惊人业绩，尽管安利的营销模式颇有争议。但不能否认，随着跨国保健品公司进军中国的步伐加快，国内保健业面临更大的市场竞争压力。加上国内行业的竞争，市场营销模式也有进一步变化。

一是产品开始两极分化。从 2003 年起，因为竞争日益激烈，保健品呈现出明显的两极分化趋势：以功能诉求为主的产品，多用疗程、买赠促销等刺激消费者购买，这类产品价格越来越高；以营养补充为诉求的机能性食品或滋补品，价格越来越低，有成为日用品保健品的趋势。二是渠道细分、直销比例增大。受传统渠道费用高涨、竞争趋向白热化的压力，保健品厂商积极探索渠道多样化，传统的药店＋商超的销售渠道快速分化，保健品连锁专卖店、厂家直销店、店中店、传销、电话销售、会务销售、展会销售直至网络销售等多种渠道形式正在加速形成。受渠道多样化的影响，保健品销售额中直销比例日益增大。以上海市场为例，投放广告、进入常规渠道的功能性食品，相当部分销量同样依靠直销。三是传播方式日益直接化。由于传统媒体效果弱化、价格日益提高的影响，保健品厂商传播产品信息的方法正日益扁平化，直接掌握消费者资料，定期针对固定消费群体进行传播，已经成了传播的重要手段之一。

（3）从社会的角度看，保健品市场起伏不定但发展势头良好。自 2000 年开始，保健品行业连续发生负面事件。媒体连篇累牍的负面报道，让保健品行业再次陷入"信任危机"，从而导致不少保健品企业崩盘，保健品迅速从巅峰跌入谷低。2001—2002 年保健品行业销售额持续下降。但是到 2003 年 3 月后，销售额回升，保健品行业销售额在短期内急速攀升，保健品行业开始复苏。2003 年，全国保健品销售额比 2002 年增长 50% 左右，年度销售额达到 30 亿元。

社会生活的变化促使了保健业的强劲势头。首先，我国城乡的恩格尔系数分别为 5.9% 和 5%，处于温饱向小康的过渡阶段，东南沿海一些大中城市和地区已达到了中等收入国家水平。人们的消费观念、健康观念发生了较大变化，促进城乡保健品消费支出以每年 3% ～ 15% 的速度快速增长。其次，人民生活方式的改变，是保健品产业发展的重要基础。随着社会竞争愈演愈烈，生活工作节奏不断加快，给人们生理和心理机能带来巨大冲击，处于亚健康状态的人群不断扩大。为减少不健康带来的各种不利影响，人们求助于保健品，使保健品的开发和生产成为经济生活中的"热点"。最后，多层次的社会生活需要，为保健品产业的发展提供了广阔空间。除了在家庭和事业双重压力下的中年人逐步加入保健品消费行列之外，老年人、青少年也是保健品消费的主力军。

（4）从技术的角度看，保健品行业研发、生产和销售发生了全新变化。WTO 给中国保健品企业带来了世界级的竞争对手，面临日益加剧的市场竞争，所有从事保健品生产的中国企业都应该清醒地认识到，未来保健品竞争的核心必将是科技含量，加强科技投入迫在眉睫。特别是已经有一定经济实力的企业，更要重视保健品的应用基础研究，努力提高新产品的科技含量和质量水平，使保健品企业向高新技术企业过渡，科技含量高的产品成为主流。

只有保健品企业不断更新技术和提高技术含量，开发出效果好、质量高、有特点的第三代保健品，使产品从低层次的价格战、广告战中走出来，转向高层次的技术战、服务战，才能在"入世"后，缔造出我国的保健品世界品牌，才有能力进军国际市场。电子信息技术的发展，也使电子商务成为销售重要渠道。各销售商都抓住电子商务的有力武器，搞销售网站，拓宽销售面，丰富产品种类。单单做电视购物的试用型销售，所涉及的消费者群体毕竟有限。通过投入设备和资金，开设购物网站的形式来发展更多的消费人群，同时也可以利用网络这一先进技术进一步地宣传产品，以及让消费者先试后买，买什么都满意的先进销售理念。

这一切都为保健业的发展壮大提供了技术基石。

保健品行业在获得高速发展的同时也暴露出许多问题。这些问题严重危害行业的发展，已经到了要引起高度重视并急需解决的地步。

（资料来源：阮宇哲，黄南.保健品行业 PEST 分析及其发展思路 [J].柳州职业技术学院学报，2008，8（1））

SWOT分析案例——星巴克在中国地区的SWOT分析

（1）优势（STRENGTH）

经营模式：根据世界各地不同的市场情况采取灵活的投资与合作模式，多以直营经营为主。充分运用"体验"：星巴克认为他们的产品不单是咖啡，而且是咖啡店的体验。另外，星巴克更擅长咖啡之外的"体验"：如气氛管理、个性化的店内设计、暖色灯光、柔和音乐等。就像麦当劳一直倡导售卖欢乐一样，星巴克把美式文化逐步分解成可以体验的东西。

产品：星巴克主要卖的是咖啡与自家的咖啡豆，除此之外，其实星巴克卖的也是一种味道与感觉，也是所谓的无形氛围，星巴克与一般咖啡店不同的地方，是给人一种极富人文时尚的摩登感，这是与其他咖啡店不同之处。

地点：以人潮多的商圈为主，此外更以车站等交通地点更为频繁，因为除了卖给想喝的人外，也可提供一个短暂休憩的地点。

（2）劣势（WEAKNESS）

本土化问题：尚且先把"一万家"的庞大数目放到一边，眼下星巴克更重要的是中国的本土化问题。任何一个从国外进入中国的企业，一定要考虑本土化的问题，星巴克在中国一方面要考虑到政策和市场的不成熟，法律法规的不完善，况且，国内整个社会的诚信体系还没有建立起来。对于星巴克来说，一定要谨慎地寻找合作伙伴，谨慎地调整发展战略，选择自己本土化的模式，这其中包括管理模式、合作模式和产品模式，这都是星巴克需要关心的问题。

资金问题：但凡对星巴克有点了解的人都会注意到一个现象，星巴克店面的选址总是遵循这样一个规律——租金昂贵的城市繁华地段。众所周知，星巴克对于大众来说是奢侈品，为了保证星巴克的客源，如此选址也是权宜之举。据了解，星巴克在上海开一家新店需要200万元，而收回直营后的星巴克计划在中国的门店数量增加到500家以上，对于星巴克来说，需要大量的资金来为其开拓新店。星巴克能否"单枪匹马"开拓市场，同时解决资金、人力以及后备资源的庞大需求，将成为未来考验星巴克的一道难题。

（3）机遇（OPPORTUNITY）

中国市场全面覆盖：星巴克在华的经营模式最初是以许可授权区域合作伙伴的方式进行的。星巴克总部收取特许经营商的专利费后，将星巴克的商标使用权授予特许经营商使用，总部只能在特许经营商的营业收入中提取少量固定比例的提成。上海统一星巴克咖啡有限公司行使其在上海、杭州和苏州等江南地区的代理权；美心星巴克餐饮（南中国）有限公司目前拥有在中国澳门、广东和海南的星巴克经营权；北京、天津为主的中国北方地区的代理权授予了北京美大咖啡有限公司。短短几年的时间，中国区成为星巴克全球业务中的一个亮点。香港星巴克分店开业第一个月就创下了全球最快盈利纪录，上海统一星巴克发展堪称"奇迹"，在两年内就获得了3200万元的利润。这使得星巴克总部眼红不已，如果能将这些代理权统一收回并能在此基础上继续发展壮大，那么星巴克在中国餐饮市场的地位真是无法估量。

（4）威胁（THREAT）

急剧扩张后的潜在风险：开设新店的投资压力巨大。同时，由于星巴克不允许加盟，所以经营者无法像其他咖啡店那样靠加盟金坐收渔翁之利。

现实和潜在的竞争者众多：中国内地市场已有的台湾上岛咖啡、

日本真锅咖啡，以及后来进入的加拿大百诒咖啡等无不把星巴克作为其最大的竞争对手，"咖啡大战"的上演已经不可避免。而综合分析认为，星巴克面临的竞争对手不止这些，大致可分为四大类：

①咖啡同业竞争：连锁或加盟店如西雅图咖啡、伊是咖啡、罗多伦咖啡及陆续进入市场的咖啡店及独立开店咖啡店。

②便利商店的竞争：便利商店随手可得的铁罐咖啡、铝罐包装咖啡、方便式随手包冲泡咖啡。

③快餐店卖咖啡：麦当劳快餐店、得州汉堡、肯德基快餐店等以便利为主咖啡机冲泡的咖啡。

④定点咖啡机：设立于机场、休息站以便利为主，随手一杯咖啡机冲泡的咖啡，或铁罐咖啡、铝铂包装咖啡。

（资料来源：《星巴克中国市场攻略》中国零售网.2006年8月7日）

波特五力模型分析案例——大型超市零售案例分析

（1）供应商的议价能力：根据调查，发达国家的超市产业在与生产企业的讨价还价过程中的主导地位越来越明显。在我国，也出现了近乎相同的发展趋势。随着市场经济的发展，超市作为生产企业产品的主流营销平台的地位越来越凸现出来。

因此，我们认为，目前我国超市产业对生产企业产品的营销情况已经可以影响到生产企业的生存。因此，供应商的讨价还价能力，趋于一个较为低下稳定水平，很难给我国的超市产业带来成本及利润上的较大损失与变动。从全行业健康发展的长远角度来看，超市产业与生产企业之间更应该建立的是一种长期合作共赢的关系，从而提升全社会经济水平的目的。

（2）购买者的议价能力：虽然我国人口基数较大，但由于超市产业多集聚在较发达的大中型城市，且超市数量越来越多，在商品供应量充足的前提下，购买者对超市产业的影响力越来越大，这迫使我国超市产业不约而同地采用了"低价格、低成本、高质量服务"

的一高两低营销策略。

因此，我们认为，目前我国超市产业在购买者讨价还价的力量的影响下，很难赚取大额利润。购买者讨价还价的力量俨然已经成为影响超市产业成长发展的关键所在。

（3）新进入者的威胁：虽然政府很少对超市行业进行限制，但超市行业的大规模竞争门槛比较高。高成本，高前期投入是行业新进入者的主要限制，在目前我国超市行业整体发展较为健康稳定的大环境下，这种限制门槛的地位应当得到我们更多的重视，必要时，可以进行进一步的强化。

（4）替代品的威胁：在我国，新出现的零售业业态中，目前来看，超市产业最有可能的替代者应当是以网上交易为代表的电子商务产业。超市产业应当积极应对这一变革，但由于人们对电子商务的接受能力不一，我们认为，短时间内，行业的主流不会发生太大的变革，超市产业仍在零售业内占据主流地位。

（5）行业现有竞争状况：在我国的超市行业中，参与行业竞争的竞争者众多，行业内的竞争已经达到成为跨地区、跨经营范围的立体化良性竞争。其中，外资超市在行业中占据着重要龙头位置，家乐福，佳士客，沃尔玛等大型外资集团在我国市场占据部分市场份额，因此，外资超市间的竞争，外资超市与本土超市间的竞争是目前行业内最为重要的竞争形式，掌握好与外资行业的竞争方向，竞争手段，是我国本土超市产业生存发展的关键所在。

（资料来源：根据 MBA 智库等网站资料整理）

【思考练习】

（1）怎样挖掘市场机会？

（2）如何打造自己的差异化定位？

第6章　市场调研

古语云："兵马未动，粮草先行。"引用到商场上，就是"项目未行，调研先行"。企业应该把项目的前期调研看作减少投资决策失误的"灵丹妙药"。"利之所至，弊亦随之"，成功的一半在开始之前。项目投资的确比项目的实施困难得多，投资一个新项目，若不做项目前期的可行性调研，后果是不可想象的。因为项目需要投入大量的资金，直接造成资金链条拉长，一旦这些投入不能很快产生现金流，出现危机也就在所难免，更何况，有的项目可能本身就是个陷阱。有些企业突然"中风"的现象，很大程度上都与忽视项目的前期调研、盲目投资有关。上马像"疯子"，下马像"傻子"的案例屡见不鲜。

近年来，中国企业的两大跨国并购结果迥然不同。联想并购IBMPC业务初步成功，TCL对汤姆逊彩电和阿尔卡特手机的并购则遭遇挫折。TCL与联想的国际化之路结果不一，其中的原因有很多。但在并购的前期调研方面，TCL的负责人这样反思："并购前期的调研和分析非常重要，要对可能发生的风险有足够估计，不要急于求成。对自身能力要有客观评估，不要做自己力不能及的项目。因此，需要借助有经验的咨询机构，虽然有相应的支出，但能够大大降低风险。"这一反思是针对并购阿尔卡特手机业务时，没有请专业公司做调研而发出的感慨。并购前，TCL移动的管理层简单地认为，阿尔卡特手机公司不到1000人，而且没有工厂，只有研发和营销部门，因此为节省咨询费用就自己设计了并购方案，但并购后仅2004年第四季就出现了3000万欧元亏损！在一次中国企业领袖年会上，柳传志这样总结联想并购IBMPC业务"比预期要顺利"的原因："经验教训就是一条，做以前一定要想清楚。"

企业轻视市场调研，只能使企业花了钱办不成事，甚至走上覆灭道路。比如，由摩托罗拉组建的铱星公司，在20世纪90年代初，选择了低轨道卫星作为高科技投资项目。由于公司在开发该项目时轻视了前期的市场调研，大大低估了移动电话的发展速度，致使所承担的66颗卫星升空的成本居高不下，在市场竞争中失去优势，最终铱星公司以破产告终。

由此看来，项目的风险控制很重要，而项目的前期调研尤为重要。因为一旦进入项目实施阶段，盈利主要靠两方面：第一是管理及营销体系是否健全和完善，第二就是对此项目的人事安排是否到位。而一旦项目前期调研未做或质量不高，再好的项目实施团队，充其量也就是用精致的彩纸去裱糊一只千疮百孔的破灯笼，对整个项目的最终结果作用不大。

客观地说，项目风险是不能完全控制的。迄今为止的各种方式都很难真正把握住并处置好项目中出现的多种类、多层次的风险，所以项目投资也叫风险投资。但是，如果不做项目前期可行性调研或者没有严肃认真的科学态度，不按上述方法进行项目调研，那这种做法本身就是最大的风险。

（资料来源：选自周济谱著《商城》，盲文出版社，2007年8月）

【学习目的】

• 认知市场调研
• 了解市场调研一般流程
• 掌握调研方案制定方法
• 掌握并会撰写市场调研报告

【知识要点】

当我们有了一个创意或者创业想法的时候，我们肯定很关注：这个创业想法能否成功？怎样成功？我的目标顾客是谁？他们是否喜欢或者接受这个项目？当你想知道这些答案时，最好的办法就是进行市场调研。

6.1　认知市场调研

6.1.1 市场调研的内涵

什么是市场调研？

市场调研是一个科学性很强、工作流程系统化很高的工作。简单来说，市场调研不仅是对市场的调研（market research），也是市场营销的调研（marketing research），即市场调研不仅针对市场，还要针对企业的整个营销活动。它是由调研人员收集目标材料，并对所收集的材料加以整理统计，然后对统计结果进行分析以便为企业的决策提供正确预测的方法。总的来说，市场调研包含以下内容：

（1）市场调研必须围绕一个主题进行，运用科学的方法，依照严格合理的工作程序，即提出问题，调查收集材料，分析预测问题；

（2）针对特定的调研对象，具体调研内容如表 6-1 所示。

（3）把消费者、客户、公众和营销者通过信息联系起来，这些信息有以下职能：识别、定义市场机会和可能出现的问题，了解市场的现状及其发展趋势，制定、优化营销组合并评估其效果。

为市场预测和营销决策提供客观的、正确的资料。

表6-1　市场调研对象及内容

调研对象	调研内容
调查宏观市场环境	政治、法律、经济、人口、社会文化和技术环境等方面
调查市场需求	市场商品需求量（①产品；②顾客；③地理区域；④时限；⑤营销环境；⑥营销组合方案）
调查市场需求	需求结构（指对吃、穿、用、住、行商品的需求结构）
调查市场需求	需求时间（消费者需求的季节、月份以及需求时间内的品种和数量结构）
调查消费者	对消费者的人口构成、家庭、职业与教育、收入、购买心理、购买行为等方面进行调查
调查企业自身经营的全过程	产品调查：①生产者生产能力调查；②产品本身调查；③产品包装调查；④产品生命周期调查
调查企业自身经营的全过程	销售渠道调查：商品流通渠道的具体形式决定了销售渠道调查的具体内容（一般为：①批发商；②零售商；③生产者自销市场）
调查企业自身经营的全过程	促销调查：促销形式、促销活动有无创新特点等
调查企业自身经营的全过程	销售服务调查：企业目前提供服务的网点数量、消费者的反映等
调查竞争对手	竞争对手的数量，主要的竞争对手，是否具有潜在的竞争对手
调查竞争对手	竞争对手的经营规模、人员组成及营销组织机构情况
调查竞争对手	竞争对手经营商品的品种、数量、价格、费用水平和营利能力
调查竞争对手	竞争对手的供货渠道情况和对销售渠道的控制程度
调查竞争对手	竞争对手所采用的促销方式
调查竞争对手	竞争对手的价格政策
调查竞争对手	竞争对手的名称、生产能力、产品的市场占有率、销售量及销售区

（资料来源：高树军.《管理学》.第八讲战略管理.河北大学）

6.1.2 市场调研的特点

市场调研具有以下特点：

针对性：选题上针对性和阅读对象的明确性。

科学性：所调研的是市场某一方面问题的过去和现状，调研信息必须反映市场现状、变化规律。

时效性：要及时、迅速和准确地发现和反映市场的新情况、新问题。

6.2　市场调研一般流程

不同的市场调查项目，由于调研目的、内容和方法不同，工作程序也会有所不同，但一般程序基本上是一样的，概括起来主要有以下步骤（图6-1）：

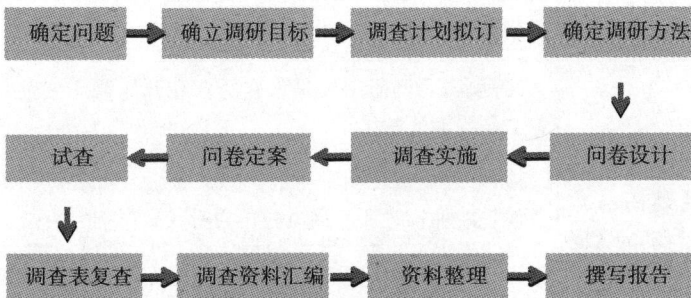

確定问题 → 确立调研目标 → 调查计划拟订 → 确定调研方法

试查 ← 问卷定案 ← 调查实施 ← 问卷设计

调查表复查 → 调查资料汇编 → 资料整理 → 撰写报告

图6-1　市场调研流程

以上步骤只是对市场调研过程简要描述，下面用表 6-2 来具体说明市场调研过程及每个过程中需要思考的问题。

表6-2 市场调研流程

具体步骤	需考虑问题
设定调研目标	·是否有市场需求？公司能否满足这样的需求？调研客户的消费习惯和消费优先顺序，这可以帮助你决定是否在某个特定市场上经营你的项目
	·产品和服务能否满足客户的需求？调研客户对你的产品的满意度可以提升公司的竞争力
	·是否合理有效地给产品和服务进行定价？研究竞争对手的做法，并研究大范围的市场趋势，可以让你尽可能多地赚到钱，同时还不会损害自己的业务
制订计划，高效地收集相关信息	·需要搜集大量的市场数据吗？分析现有的数据可以帮助你决定公司未来的发展方向，但是，想要找到有用的、准确的数据比较难
	·需要进行独立调研吗？
	·是否有其他更有效率的方式？如通过小组讨论（焦点问题）或者通过其他方式都可以让你了解自己的公司，了解相关的市场
展现调研成果并决定行动的方向	·所预测的调研结果是怎样的？在开始调研之前，尝试着去假设调研的结果
	·如果假设被证明是对的，该怎么做？如果调研如同你所设想的那样，那么这对公司会有什么影响
	·如果假设被证明是错误的，该怎么办？如果调研结果令人惊讶，那么你的公司该怎么办？你能否提前制订好"后备计划"来应对这个令人惊讶的结果

6.3 调研问卷设计

问卷是市场调研的重要工具，是调研者根据调研目的和要求所设计的，主要用来搜集所需资料和信息。调研问卷的设计必须与调研目的和要求、调研主题、调研对象以及调研方式相适应，因为问卷设计得合理与否直接关系到最终能否获得有效的调研结果。

调研问卷主要由问卷标题，问卷前言，问卷主题，结束语四部分构成。

（1）问卷标题：设计标题的原则是简明扼要，通俗易懂，不使用专业术语，而且有较好地概括性，使受访者从中可以大致了解调查内容。此外，标题还要有良好的相关性，即标题和调查内容之间有较强的一致性。

（2）问卷前言：主要是对调查目的、意义及填表要求等的说明，包括调查说明及填表要求。前言部分文字须简明易懂，能激发被调查者的兴趣。

（3）问卷主题：是市场调查所要收集的主要信息，由一个个问题及相应的选择项目组成。通过主体部分问题的设计和被调查者的答复，市场调查者可以对被调查者的个人基本情况和对某一特定事物的态度、意见倾向以及行为有较充分的了解。

（4）结束语：主要表示对被调查者合作的感谢，记录下调查人员姓名、调查时间、调查地点等。结束语要简短明了，有的问卷也可以省略。

6.4 撰写调研报告

整个调研工作最终目的是为了做出一份完整的调研报告，因此，了解调研报告的基本格式，掌握调研报告的撰写方法是一项十分重要的工作。

6.4.1 调研报告的格式

标准的调研报告都有一个固定的格式，即包括标题、引言、主体、结论及附件等部分。

（1）标题部分。标题是报告的点睛之笔，一个好的标题通常具有简洁明了、高度概括、吸引力强等特点。标题形式通常有以下几种。

①公文式：一般由对象、事由和文种组成。例如，《关于大学生的手机消费行为状况调研报告》。

②文章式：不要求对象、事由和文种齐全，只要能够突出主题即可。例如，《质量比品牌更重要》。

③提问式：以设问、反问等形式突出问题的焦点和尖锐性。例如，《价格战能根本提高企业效益吗？》《当前大学生就业路何在？》。

④正副题结合式：正题揭示调研报告的思想意义，副题表明调研报告的事项和范围，例如，《深化厂务公开机制　创新企业管理方法——关于×××服装厂深化厂务公开制度的调查》。

（2）引言部分。引言又称导语，是市场调查报告正文的前置部分，要写得简明扼要，精练概括。一般应交待出调查的目的、时间、地点、对象与范围、方法等与调查者自身相关的情况，也可概括市场调查报告的基本观点或结论，以便使读者对全文内容、意义等获得初步了解。然后用一过渡句承上启下，引出主体部分。

（3）主体部分。这部分是市场调查报告的核心，也是写作的重点和难点。它要完整、准确、具体地说明调查的基本情况，进行科学合理地分析预测，在此基础上提出有针对性的对策和建议。具体包括以下三方面内容：

①情况介绍：对调查所获得的基本情况进行介绍，将调查对象的历史和现实情况表述清楚。

②分析预测：即在对调查所获基本情况进行分析的基础上对市场发展趋势作出预测，它直接影响到有关部门和企业领导的决策行为。

③建议决策：该部分是市场调查报告写作目的和宗旨的体现，要在上文调查情况和分析预测的基础上，提出具体的建议和措施，供决策者参考。

（4）结论部分。

①概括全文。经过层层剖析后，综合说明调研报告的主要观点，深化报告的主题。

②形成结论。在对真实资料进行深入细致的科学分析的基础上，得出报告结论。

③提出看法和建议。通过分析，形成对事物的看法，在此基础上，提出建议和可行方案。

④预测未来，说明意义。根据分析结果，对未来进行预测，或说明该分析报告的意义。

（5）附件部分。

附件是指调研报告正文包含不了或没有提及，但与正文有关，必须附加说明的部分。其包括数据汇总表及原始资料背景材料和必要的工作技术报告。

6.4.2 调研报告撰写程序

调研报告写作要经过以下五个程序（表6-3）：

表6-3 市场调研报告撰写流程

步骤	原则
确定主题	报告的主题应与调查主题一致主题宜小，且宜集中
	要根据调研和分析的结果，重新确定主题
	与标题协调一致，避免文题不符
取舍材料	选取与主题有关的材料，去掉无关的，关系不大的，次要的，非本质的材料，使主题集中、鲜明、突出
	注意材料点与面的结合，材料不仅要支持报告中某个观点，而且要相互支持，形成面上的"大气"
	在现有有用的材料中，要比较、鉴别、精选材料，选择最好的材料来支持作者的意见，使每一材料以一当十
布局和拟定提纲	"围绕主题，层层进逼，环环相扣"
	纲目分明，层次分明
起草报告	结构合理（标题、导语、正文、结尾、落款）
	报告文字规范，具有审美性与可读性，如："制定优惠政策，引进急需人才""运用竞争机制，盘活现有人才"（文章段落的条目观点）
	通读易懂。注意对数字、图表、专业名词术语的使用，做到深入浅出，语言具有表现力，准确、鲜明、生动、朴实
修改报告	主要是对报告的主题、材料、结构、语言文字和标点符号进行检查，加以增、删、改、调

（资料来源：岳欣.《市场调研、分析与预测》.北京邮电大学出版社，2010年11月）

【课堂设计 】

课堂设计：制作调研问卷与调研报告

设计介绍：

前面的课时中，每个创业小组都选择了一个创业项目，现在项目基本已经成型，为了进一步确定项目的可行性、市场需求状态、市场竞争状况等，现在需要每个创业小组采用网络调研法［调研网站推荐：问卷星（www.sojump.com），中国调查网（www.zdiao.com），第一调查网（www.1diaocha.com），态度 8 调查网（www.taidu8.com）等］或其他调研方法，对自己的创业项目进行调研。

每个创业项目的调研问卷题目不得少于 20 题，调研完成后，依据调研问卷分析结果，制作出一份完整的调研问卷。每个创业小组制作一份调研 PPT，内容涵盖：调研如何开展，调研问卷的设计，如何分析调研数据，调研报告的完成过程，调研心得体会等。每个创业项目小组负责人上台讲解 PPT。

设计目的：

（1）充分了解调研的目的与意义

（2）掌握调研问卷的设计与制作要点

（3）掌握调研报告的撰写方法与要点

道具： 调研网站，PPT，其他。

引导一：调研问卷设计注意事项

教师引导：提问设计技巧

（1）文字要表达准确。不应使填卷人有模糊认识，如调查商品消费情况，使用"您通常喜欢选购什么样的鞋"？就是用词不准确，因为"通常""什么样"的含义不同的人有不同的理解，回答各异，不能获得准确的信息。如改为具体的问题："您外出旅游时，会选购什么牌号的旅游鞋？"这样表达就很准确，且不会产生歧义。

例如：

| 您对它的价格和服务质量满意还是不满意？ | → | 您对它的价格满意还是不满意？ |
| | | 您对它的服务质量满意还是不满意？ |

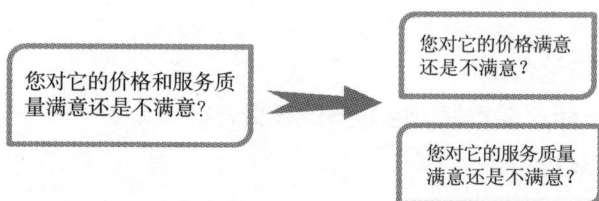

（2）避免使用引导性的语句。如设计问卷时，问"××牌号的旅游鞋质优价廉，您是否准备选购"？这样的问题将容易使填表人由引导得出肯定性的结论或对问题反感，简单得出结论，这样不能反映消费者对商品的真实态度和真正的购买意愿，所以产生的结论也缺乏客观性，结果可信度低。

不要提不宜回答的问题。这里可能有两种情况：一种是涉及填卷人的心理、习惯和个人生活隐私而不愿回答的问题，即使将其列入问卷也不易得到真实结果。遇有这类问题，如果实在回避不了，可列出档次区间或用间接的方法提问。如调查个人收入，如果直接询问，不易得到准确结果，而划分出不同的档次区间供其选择，效果就比较好。另一种是时间久、回忆不起来或回忆不准确的问题。

问卷问句设计要有艺术性。问卷问句设计要有艺术性，避免对填卷人产生刺激而不能很好地合作，导致问卷结果出现偏差。

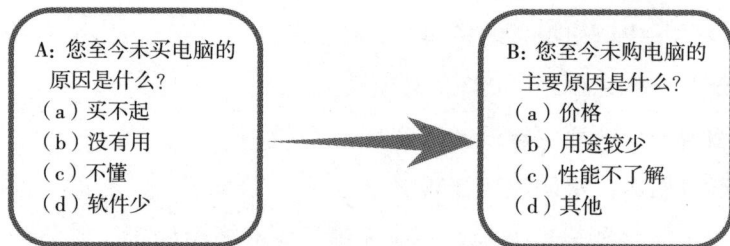

| A：您至今未买电脑的原因是什么？
（a）买不起
（b）没有用
（c）不懂
（d）软件少 | → | B：您至今未购电脑的主要原因是什么？
（a）价格
（b）用途较少
（c）性能不了解
（d）其他 |

引导二：调研报告注意事项

教师引导一：引言部分一般形式

·开门见山，揭示主题；

- 结论先行，逐步论证；
- 交待情况，逐层分析；
- 提出问题，引入正题；

教师引导二：撰写市场调研报告的注意事项

- 篇幅不代表质量
- 考虑读者
- 不要过度使用定量技术
- 内容客观、资料准确
- 报告中引他人资料，应加以详细注释
- 打印成文、字迹清楚、外观美观

【知识链接】

知识链接一：市场调研报告的分析方法

当调研报告完成的时候，需要对调研报告进行分析，那么该如何分析、从什么地方分析才能更加精确、全面地得到我们所需要的信息？此时，可以参考下列内容，根据分析层面的不同，确定分析方法要点。

表6-4

分析层面	分析要点
宏观经济环境信息	·基于PEST分析模型从政治法律环境、经济环境、社会文化环境和技术环境四个方面分析行业的发展环境，帮助企业了解行业发展环境现状及发展趋势
	·行业主要上下游产业的供给与需求情况，主要原材料的价格变化及影响因素
	·行业的竞争格局、竞争趋势；与国外企业在技术研发方面的差距；跨国公司在中国市场的投资布局

续表

分析层面	分析要点
微观市场环境分析	·行业当前的市场容量、市场规模、发展速度和竞争状况
	·主要企业规模、财务状况、技术研发、营销状况、投资与并购情况、产品种类及市场占有情况等
	·客户需求分析：消费者及下游产业对产品的购买需求规模、议价能力和需求特征等
	·进出口市场：行业产品进出口市场现状与前景
	·产品市场情况：产品销售状况、需求状况、价格变化、技术研发状况、产品主要的销售渠道变化影响等
	·重点区域市场：主要企业的重点分布区域，客户聚集区域，产业集群，产业地区投资迁移变化
行业发展关键因素和发展预测	·分析影响行业发展的主要敏感因素及影响力
	·预测行业未来五年的发展趋势
	·该行业的进入机会及投资风险
	·为企业制定行业市场战略、预估行业风险提供参考

知识链接二：数据来源

当我们开展市场调研前或者整理调研结果时，就需要对数据进行查找、筛选、分析、整理，下面提供一些常用的数据来源。

数据来源	特点	数据类型
政府部门提供的行业数据	·准确性 ·免费	·某季度或者某年度非各类行业、产业数据 ·各个地区（例如，国家、地区和大城市地区）的薪资信息、就业率信息以及工业信等
行业协会提供的信息	·行业协会通过调研而获取的数据，通常被用来提升行业竞争力，并提高行业收益 ·部分免费 ·可在线检索	·市场增长数据以及市场发展趋势报告 ·会员所提出的特定数据请求

数据来源	特点	数据类型
商业出版物所提供的数据	·提供行业最新新闻、市场趋势、公共政策等内容 ·原始数据 ·在线提供市场分析类以及商业策略类的文章	·营销趋势、领导策略、行业状况 ·行业资源的链接，通过这些链接，可以整合市场调研的相关数据
学术机构提供的数据	·来源于市场调研或者来源于其他数据资源的整合 ·收费	·免费提供各种市场调研的资源，包括学术论文和阶段性市场评论
第三方来源数据	·为有需求的企业和个人提供特定的市场调研、市场分析等服务 ·收费	·包含大量的市场调研数据、学术研究报告以及成本分析报告 ·提供付费专家分析和咨询服务

【拓展阅读】

速途研究院：2015年2月餐饮O2O市场调查报告

2014 年 O2O 风暴席卷餐饮行业，在线订餐叫外卖悄然兴起。随着移动互联网、大数据技术的不断发展，懒人经济模式以燎原之火的速度飞快蔓延，用户的消费行为也随之改变，餐饮 O2O 也开始成为互联网最热的词汇之一。一线城市餐饮 O2O 普及率远超全国平均水平，未来三四线城市将成为餐饮 O2O 市场进一步扩大的重点方向。餐饮 O2O 市场在 BAT 巨头纷纷入驻之后，竞争也日渐白热化，美团与饿了么之间的大打出手，百度外卖的大力补贴，淘点点的全面无死角覆盖都给该市场浇了一把油，竞争更为激烈。

速途研究院分析师团队根据互联网相关数据结合用户采样调查，针对餐饮 O2O 市场发展现状做解析。

2015 年餐饮 O2O 市场将达到 1389 亿元

都说民以食为天，吃可以说是人生活所需的环节，而其带来的市场潜力与规模更为巨大。从 2013 年开始，移动互联网高速发展，为在线餐饮市场的迅速发展奠定了坚实的基础，到 2014 年在线外卖更是成为餐饮 O2O 中发展最为快速的产品迅速崛起。根据数据显示，2014 年中国餐饮行业 O2O 市场规模达到 946 亿元，相比 2013 年增长 51.5%；2015 年中国餐饮行业 O2O 市场规模在 2014 年的基础上将增长到 1389 亿元。要知道 2010 年餐饮 O2O 市场规模仅为 92.2 亿元，经过 5 年的发展其规模翻了 10 倍。这些都与移动互联网的爆发式增长、移动支付习惯的养成有着密不可分的关系，正是这多种因素才造就了其庞大的市场规模。

餐饮行业可以说是与人们日常生活联系最紧密的行业之一，随着移动互联网产业与在线支付功能的普及，越来越多的用户开始尝试在线预订或者外卖，消费模式的改变让用户数量也快速地增长。2014 年中国餐饮行业 O2O 在线商务用户规模达到 1.93 亿，较 2013 年增长 38.85%；2015 年中国餐饮 O2O 在线市场规模将达到 2.64 亿，比 2014 年增长 36.79。随着一线城市在线商务用户数量增长逐步放缓，其用户规模增长率将随之下降，趋于平稳化发展。

移动端已经成为餐饮 O2O 用户的主要访问方式，占比近八成

根据数据显示，餐饮 O2O 用户有 78% 的人习惯于移动端访问，PC 端访问的占比仅为 22%，并且随着移动互联网的发展，移动端占比还在保持逐步走高的趋势。移动端的使用习惯已经逐渐取代 PC 端成为用户日常生活主要使用的工具，出行、点餐、社交等方方面面都离不开手机，手机已经成为人们日常生活必备的工具。

手机订餐 APP 市场逐步开始两极分化

2014 年手机订餐 APP 市场成为众多巨头的必争之地，各家纷纷开始了疯狂的"圈地运动"。经过近一年的疯狂扩张，美团外卖以微弱的优势排在第一位，其占比为 33.6%；饿了么以 32.14% 的占比屈居第二位；食神摇摇以 12.46% 的占比排在第三位；淘点点以 11.3% 的占比排在第四位；拼豆、百度外卖、8684、到家、易淘食分别以

4.09%、2.73%、2.24%、1.07%、0.09% 的占比排在第五至第九位。

美团外卖与饿了么在 2014 年纷纷获得融资，在强有力的资金支持下，加快了扩张的脚步。以饿了么举例，其从原本的 16 个城市覆盖面扩充到了 150 多个，市场份额更是突飞猛进。在疯狂扩张的阶段，美团外卖与饿了么更是为了市场争夺，从补贴之战一路升级到了拳打脚踢的肉搏之战中来，一段时间内不同的城市不断出现两家企业员工为了争夺市场斗殴的现象。另外因为盲目的扩张市场，对于商户的审查力度出现偏差，大量不良用户涌入平台，使提供食品的卫生安全问题出现隐患，工商部门更是履次不断曝光问题商家，让消费者对于平台信息产生质疑。在质疑声中，以中高端外卖为定位的到家美食会、易淘食在该阶段与中高端连锁餐饮达成合作协议，并自建配送队伍，为消费者提供更为放心的外卖服务。虽然其市场占比不高，覆盖范围也局限于大多一线二线城市，但其也获得了广大白领的喜爱，成为忠实的消费群体。

三四线城市将成为餐饮 O2O 行业发展的重点

根据 O2O 发展水平数据可以看出，一线城市 O2O 发展速度较快，以较为明显的优势排在第一位；二三线城市发展与其有着一定的差距。主要因为一线城市网络发展水平较快，智能机用户普及群体较高，产业支撑能力较强等因素。但一线城市 O2O 用户规模增长红利已经逐步进入后期，其未来增长速度放缓，因此 O2O 产业渠道逐渐下沉到扩展二三线城市当中来，并且随着二三线城市移动网络的快速发展，智能机用户普及率的提升，未来将成 O2O 市场的新的增长点。

送餐慢问题已经成为消费者投诉热点，占比近六成

通过消费者投诉情况可以看出，送餐慢已经成为投诉重点，每天订餐高峰集中在 11 ～ 13 点，在这两个小时内送餐量将占全天总量的八成左右，虽然不少送餐应用承诺 45 分钟或 1 小时内送到，但面对用餐高峰期等待时间长、交通状态难以预料、送餐地点较为分散等众多因素，导致准点送达困难重重。针对这个问题，到家美食会、易淘食等针对中高端外卖的应用，采用自建送餐团队的方式解决配送时间的问题，既保证了送餐时间，又能在送餐过程中保证送餐质量，提高用户满意度。另外一大问题就是食品安全问题，随着订餐平台中的问题餐厅越来越多，引起了食品药品监督管理局的重视，希望通过加强管理的方式解决食品安全问题。食品安全是民生问题，只有保证食品安全才能保证行业更为健康快速地发展。

【思考练习】

（1）什么是市场调研？市场调研的作用有哪些？

（2）市场调研的程序是什么？

（3）市场调研方案的主要内容有哪些？

（4）什么是问卷？在市场调研中问卷有什么作用？

第7章　产品设计与创新

【引言导入】

　　产品是企业关键，也是品牌的基础。有没有好产品，以及对路的产品策略，从根本上决定了品牌有没有价值的支撑，能不能取得坚实的成功。没有高质量的产品，企业就失去了赖以生存和发展的基础。从营销组合因素的结构来看，产品也处于首要位置，没有好的产品、定价策划、营销渠道及促销策划等都很难进行。因此，生产出消费者满意的产品成为生产企业的首要任务，产品策划，也成为企业营销策划的核心。而在产品设计过程中，创新是非常重要的，如果企业无法根据目标客户的需求提供产品，只是靠广告，靠忽悠去"愚弄"消费者，这样的企业是不会长久的，所以要想让自己的企业立于不败之地，只有不断开发出创新的产品！

【学习目的】

- 了解创业思维与传统思维的区别
- 熟悉产品设计的一般流程
- 掌握最小可行性的制作方法

7.1 认知创业思维

众所周知，创业是一门独立的科学，那么在创业过程中，创业思维必然要与传统思维有所区别。而它们之中最本质的区别就是创新。

那么什么是创新呢？创新实际上就是以现有的思维模式提出有别于常规或常人思路的见解为导向，利用现有的知识和物质，在特定的环境中，本着理想化需要或为满足社会需求，而改进或创造新的事物、方法、元素、路径、环境，并能获得一定有益效果的行为。

创新的核心是拥有"处在混沌边缘"的创新机制和管理模式。

其关键是：具备战略企图心、多元化的核心技术平台、加强横向交流和共享的密集网络、给予富有最好创意和创造力的员工丰厚奖赏的激励机制、鼓励自我创新的 15% 法则、激发创意和宽容失败的公司文化，以及让每个员工把客户需求放在首位的公司信条。

所以，公司想要有更好的发展，必不可少的是要摆脱传统思维的束缚，大胆寻求创新。

7.2　产品设计的一般流程

产品设计一般流程分为市场规模预测，产品特征列表，产品利益列表，最小可行产品，产品定价五个部分。

（1）市场规模，即市场容量，市场规模主要是研究目标产品或行业的整体规模，具体可能包括目标产品或行业在指定时间的产量、产值等。市场规模预测可以帮助企业评估市场机会的大小。市场规模可分为总有效市场、可服务市场、目标市场。

例如，对于某智能手机应用程序开发商来说，一个在 iOS 系统下面向国内用户开发的旅游类手机软件，其总有效市场应为全球 20 亿人左右（2013 年）的移动互联网网民，而可服务市场则是全球约 2.4 亿人左右的 iOS 系统用户（2013 年），而真正该产品的目标市场则是国内用 iOS 系统的旅游人群约 3000 万～ 5000 万人（2013 年）。

（2）产品特征列表用于简明扼要地描述产品的十大（或更少）特征（如果描述特定特征时存在歧义，可附加详细的工程文件作参考）。

在思考产品特征时，需要牢记产品应满足某个市场利基群体或是细分领域的需求，以全新或不同的方式，以更快的速度或更低廉的价格解决某些问题。有时候，产品的物理或外观设计，或是品牌自身具备独特之处，足以吸引客户的关注。

以下是某银行软件公司产品的特征：

软件可以使信息高度集成共享，避免信息重复录入，避免信息冗余；

软件使用 JAVA 编写，可跨平台使用；

软件可同时为两个，甚至多个客户同时办理业务；

软件有自动备份功能，保证信息安全……

（3）产品利益列表是站在客户的立场上描述产品给客户带来的利益，说明客户使用或购买产品的原因，我们可以用"客户故事"的方式表达你的产品如何为客户解决重要的问题，提供令人满意的客户利益，或者满足某种尚未言明的需求的。

以下是某银行软件公司描述的客户故事：

银行柜台前总是排着长队，客户经常会等得不耐烦，甚至对银行的服务感到愤怒，会导致：

银行损失 5% ～ 8% 的客户；

由此产生的利润损失每年高达 50 万美元，占银行总利润的 7%；

这款价值 15 万美元的软件可以把业务办理时间缩短一半，后续版本还会进一步提高办理速度。

（4）最小可行产品是对最小可能特征组所做的简要总结，可作为独立产品发挥作用，一方面能够解决客户的"核心"问题，另一方面也能正面产品的价值。

最小可行产品的特征：

它是消减工程时间浪费的战术手段；

它是尽快向早期支持者交付产品的战略方式；

它是在最短时间内实现最大化客户认知的有效工具。

在简述最小可行产品时，要可以解决这样的问题："客户愿意付钱请我们解决的最小问题或最简单的问题是什么？"

以下是某银行软件公司对最小可行产品的描述：

软件通过信息集成，多业务办理等功能帮助银行缩短业务办理时间，提高客户满意度，使银行获得的收益远远高于购买软件付出的成本。

（5）产品定价是指合理的产品定价，它有三种方法，分别是撇脂定价，渗透定价，满意定价法。

撇脂定价：是指在产品生命周期的最初阶段，把产品的价格定得很高，以攫取最大利润。

撇脂定价的条件：

①市场有足够的购买者，他们的需求缺乏弹性，即使把价格定得很高，市场需求也不会大量减少。

②高价使需求减少，但不致抵消高价所带来的利益。

③在高价情况下，仍然独家经营，别无竞争者。高价使人们产生这种产品是高档产品的印象。

渗透定价：是指企业把其创新产品的价格定得相对较低，以吸引大量顾客，提高市场占有率。

渗透定价的条件：

①市场需求对价格极为敏感，低价会刺激市场需求迅速增长。

②企业的生产成本和经营费用会随着生产经营经验的增加而下降。

③低价不会引起实际和潜在的竞争。

满意定价：是一种介于撇脂定价策略和渗透定价策略之间的价格策略。其所定的价格比撇脂价格低，而比渗透价格要高，是一种中间价格。这种定价策略由于能同时使生产者和顾客都比较满意而得名。

【课堂设计】

课堂设计一：设计不同创意的水杯

你会如何设计一个水杯？

设计目的：

通过对纸杯的设计，让学员们感知创业思维，开拓学员创新思维。

说明：实验过程中，教师要注重引导。以下列举教师引导的几个方面进行参考。

引导：认知创业思维

问题："众所周知，创业是一门独立的科学，那么在创业过程中，创业思维必然要与传统思维有所区别。下面来做一个小实验，请大家看上图的水杯，如果你来设计，会把水杯设计成什么样子？为什么？

教师引导：

• 不同的产品创意会为企业带来哪些影响？

• 如何设计出具有创意的水杯？从哪些方面设计？

课堂设计二：棉花糖挑战

游戏规则：

（1）分组：小组的人数根据现场的人数和场地空间来定，人数平均分配，一般每组 4 人；

（2）道具：每组棉花一只，棉线一捆，胶带一条，意大利面条20 根，剪刀一把；

（3）时间：游戏时间可根据实际情况来规定，一般为 18 分钟。

要求： 每一组的成员利用上面提供的道具，在规定时间时间内，搭一座棉花糖塔，棉花糖必须在塔的顶部，完成的小组举手示意，由主持人进行测量，测量的高度为棉花糖到桌面距离，最高的那个小组获胜，组数多的话，可以选出前三名。注意：棉花糖不能被破坏，意大利面可以剪断，如果不小心折断了，可以换取新的，但必须拿着全部折断的意大利面来换；不能将塔座粘到桌子上，也不能用绳子从天花板吊下来，然后挂上棉花糖算高度。

主持人每隔 5 分钟提醒一次，最后的 3 分钟，每隔 1 分钟提醒一次。

说明： 实验过程中，教师要注重引导。以下列举教师引导的几个方面进行参考。

问题：

（1）本实验项目中，应该怎样分配好有限资源？

（2）本实验项目中，如何理解目标导向的重要性？

（3）本实验项目中，请部分同学分享学到了什么？

教师引导：

·在游戏开始前，要清楚所拥有的资源，做好安排，充分利用有限的资源。

·目标导向很重要，我们应该围绕着核心的目标，在操作中找到解决方案，目标导向错了，就会导致整个实验的失败。

·五方面：团队合作、利用有限资源、目标导向确立、建立模型、要打破常规。

【知识链接】

优鲜果妮产品设计

优鲜果妮是一个利用微信平台在线上销售水果等产品的学生创业团队，其创立于 2013 年 8 月 1 日。目前主要经营石家庄经济学院全校区及周边地区的水果，在线销售并免费送货上门。商品种类涵盖优质平价水果、精品高档水果、实惠水果拼盘和精品拼盘等，满足不同人群对水果消费的需求。此外，缔造客户水果体验，创办水果健康美容论坛、户外水果采摘、情人水果节等。并根据消费者反馈及市场信息，及时对商品的品类以及价格进行动态调整。

企业愿景：依托线上平台，打造 O2O 模式的校园版沃尔玛。

市场规模预测：

总有效市场：全国所有高校在校生及周边居民及商户，约 2000 万人。

可服务市场：河北省石家庄市裕华区高校及周边商户，约 5 万人。

目标市场：石家庄经济学院在校生，约 2 万人。

产品特征列表：

通过微信关注优鲜果妮订阅号，就可享受优鲜果妮的服务。

销售货品以水果为主，附带经营其他食品以及周边商户的外卖。

销售水果保证新鲜并且不缺斤少两。

通过微信平台可以查询货品种类，价格，促销信息等内容，通过微信平台也可主动推送周边信息给顾客。

可直接使用微信选择所需的产品，在线下单，下单后由配送人员将货品直接送进寝室并货到付款。

可用在线支付或以会员储值卡消费的形式获取更多折扣。

产品利益列表（客户故事）：

很多学生在寝室里想买水果又不愿意出门。

学校商店的水果不新鲜，种类又少，还常缺斤少两。

有些同学仅仅是因为自己比较懒，躺在床上不想出门。

学霸们已经忙到没有时间去买水果。

只要打开微信，就可以在线挑选水果，水果直接送到寝室，货到付款，免去所有烦恼。

教师引导：

（1）最小可行产品有哪些？

（2）其产品定价是怎样的？

参考：

（1）通过微信平台，开展水果销售业务，让同学们在足不出户的情况下获得新鲜、实惠的水果。

（2）产品定价基本与市面水果价格相同，通过部分热销水果的促销吸引顾客，规定满 20 元免配送费，顾客销售总额会稳定在 20～30 元 / 人次。

【拓展阅读】

3M公司案例

3M 公司是一家美国企业，全称明尼苏达矿务及制造业公司（Minnesota Mining and Manufacturing Corporation），于 1902 年在美国明尼苏达州成立，是一家历史悠久的多元化跨国企业，素以产品种类繁多，锐意创新而著称于世。成立至今，它开发生产的优质产品多达 5 万种，服务于通信、交通、工业、汽车、航天、航空、电子、电气、医疗、建筑、文教办公及日用消费等诸多领域。

在《商业周刊》和波士顿咨询公司联合评选的 2007 年度全球最具创新性的 50 家企业中，3M 公司名列第七。近百年来，3M 共开发了 69000 多种新产品，平均约每 2 天开发 3 个新产品，并且对现有产品不断更新换代。时至今日，3M 每年仍有 500 个新产品被开发推广。3M 公司取得辉煌业绩的根本原因在于创新，而其创新的核心则是"处在混沌边缘"的创新机制和管理模式。其关键是：具备战略企图心、多元化的核心技术平台、加强横向交流和共享的密集网络、给予富有最好创意和创造力的员工丰厚奖赏的激励机制、鼓励自我创新的 15% 法则、激发创意和宽容失败的公司文化，以及让每个员工把客户需求放在首位的公司信条。

3M 每年有 35% 的销售额源于最近四年的新产品，10% 的销售额来自过去一年开发出的新品。正因为其远大使命"成为世界上最具创意的企业，并在所服务的市场里成为备受推崇的供应商"，3M 高层管理者不会只在意某个新项目的短期盈利能力，而是平衡现有业务与新业务，平衡专注性与灵活性，这对公司的未来持续发展和经营绩效至关重要。而对那些才华横溢、满怀激情的人来说，这个使命是一种诱惑，吸引他们加入 3M 的原因是公司提供了改变世界的舞台。这个使命也提供了"什么是创新以及如何创新"的清晰理解和定义，使得员工可以把公司的创新活动紧密地与商业目标相联系。

3M 战略上的企图心，使得创新成为企业使命和价值的一部分

这种创新的使命感对于创新的实现甚为重要，因为创新活动可以得到公司领导层的支持和赞助，从而使得创新计划能够得到相应的资源配置，否则只能是空中楼阁。而且，管理层的支持会直接影响员工创新的积极性及创新成果的取得。3M 公司特别强调管理层对员工创新的鼓励、支持与导向作用，并注重管理者在员工创新管理中的艺术性。1948 年，公司总裁威廉·麦克奈特（WilliamL Mcknight，1887—1978）忠告他的管理层要大胆下放职权，鼓励员工主动实践自己的构思与创意，并且容忍错误。在 3M 公司，管理层要做到"耐心倾听任何一个人的原始创意，无论当初看有多么荒诞不经""鼓励，而不是吹毛求疵，让员工带着创意前进"。

多元化的核心技术平台

如今，3M 凭借 47 个核心科技平台进行多元化市场渗透。这47 个高速运转的核心科技平台，成为 3M 不断创新的源泉。3M 深知核心技术对企业持续发展的重要意义，将全球销售收入的 7% 投入相关技术领域和产品应用的研发中。这家制造业巨头曾创造过无数个世界第一：譬如高速公路上的反光高速牌、录音带、录像带，曾用于计算机的 8 英寸、5 英寸磁盘以及汽车、手机、电脑的各种部件，数不胜数。其产品线涉及文教和家庭用品、医疗用品、工业和运输产品、标识及交通安全产品、安保及防护产品、电子、电力、通信及光学产品等多个领域。

3M 认为，创新就是满足客户的需要，并超越他们的期望。因此 3M 通过了解市场的需求和倾听客户声音来不断地开发新产品和新功能，以"粘住"消费者。3M 员工往往要花费大量的时间和消费者进行沟通，公司销售代表和服务代表随时随地倾听消费者的需要。遮蔽胶带的发明缘于一位科研人员到一家油漆店送货时，听到店员抱怨报纸上的胶水损坏了油漆颜色。3M 中国研发中心总经理刘尧奇博士表示："作为 3M 全球第四大研发中心，中国研发中心的使命之一就是将现有技术转化成适合中国市场应用领域的新产品，以满足中国客户日益增长的需求。"

交流与共享的密集网络系统

3M 公司于 1951 年设立了"3M 技术论坛"，如今每年邀请近万名研发人员参加年度座谈会，让每个研究人员都能了解其他人的研究项目，鼓励灵感的激荡、碰撞。许多重大发明都来源于此。3M 公司还成立了"3M技术委员会",由各部门及各国技术主管组成。该技术委员会的主要职责是:①分享技术、资源及经验;②对公司的技术项目进行评估,并提出建议;③对技术人员进行评估和推荐,并执行与技术人员相关的政策和程序;④对于共同感兴趣的项目,促进成员之间的交流和协作;⑤通过研究、讨论并运用最佳的项目管理方法和程序,确保实现最有效的管理。

有效的创新离不开组织知识、信息、经验与教训等资源的共享。3M在公司内部建立大型的数据库系统,及时将产品的市场行情、一些特定技术的现行状况与发展趋势等对创新有用的信息,分门别类地存储于公司数据库,公司内部成员可以随时调用。同时,公司内部有很多专题共享网络,如"经验共享""教训共享""问题共享"等等。"共享"有助于创新者站在"巨人的肩膀"上,汲取组织其他成员的经验与教训,少走弯路,也利于组织资源的节约与创新效率的提高。3M鼓励员工跨越领域或部门界线,积极沟通合作,深入了解客户公司内部的各个层次的不同需要,并以此为基础提出全面、完整的一体化解决方案。而且3M的任何一项技术平台都可以在全公司范围内,在所有的国家、所有的子公司、所有的事业部共享,使同一技术可以运用到更多领域。

刺激创新的有效机制

3M致力于"尊重每一位员工的价值,并鼓励员工创新,为员工提供具有挑战性的工作环境及平等的发展机会"。在3M,除了进入管理层,员工可以选择走技术发展路线,有机会获得与管理路线同等的名誉、职位、福利和竞争力。技术路线的最高职位是企业科学家(corporate scientist),与公司总监同级。3M为了鼓励创新英雄,每年都要举行隆重的仪式,将创新发明最突出的三四个人吸收到公司的"科学院"里来,而此事又向员工们证明,在3M宣传新思想、开创新产业是完全有可能取得成功的,而且成功了就会得到认可和奖励。3M对在研发中有杰出表现的技术人员设置了很多奖励,譬如设立于 20 世纪 60 年代的卡尔顿奖——3M "诺贝尔奖",用以奖励在科学上获得重大突破或做出杰出贡献的 3M 科学家。3M 还设立了"季度优胜奖""专利奖"等奖项激励员工为公司发展做出贡献。3M 对优秀的技术人员除了物质激励外,更注重对创新者的精神激励,比如,设立全球技术卓越和创新奖——3M "奥斯卡奖"。荣获此奖的人可以和家人一起到美国去,在公司高层的陪同下乘坐 3M 专机到度假胜地尽情玩耍。

3M 除对有杰出表现的个人进行物质奖励和精神奖励外,还奖励推动新产品和新项目的团队,比如颁发"金靴奖""寻径奖""商业奖"以及"精英奖"等团队奖。此外,3M 在业绩考核上,除了 ROI(投资报酬率)等财务的定量指标外,还讲究对创新人员的学习能力、协作精神、品质等定性因素的考核,同时注重"共享价值观"的形成,号召创新人员以公司为家,为公司的发展积极贡献智慧与力量。

鼓励自我创新的 15% 法则

3M 在创新方面的一个积极举措是,将创新列入员工的工作时间预算,鼓励员工积极探索新技术领域并且投入合理的费用。在 3M,每个员工都有 15% 的工作时间可以用在自己感兴趣的技术项目或创新计划上,甚至可以申请基金作为研发费用,不管这个项目能否马上带来直接效益。如果员工创新理念和公司目前发展的重点并不很匹配时,员工可以申请"开拓基金或起源基金",得到一笔资金继续创新项目。这是为那些被正常申报程序判死刑的创意提供第二次机会的资金。对于 3M 的工程师来说,公司的 85/15 法则允许他们追求激情。每一位员工都能自由使用 15% 的时间进行与核心业务不相关的创新思考。如何保证员工用这 15% 的时间做有用的事? 3M 认为无须监控,因为对每个员工进行密切监控的成本要远远大于他所产生的收益。

15% 法则保证了公司精力并非全部花费在短期利益上,它让

"创新成为每个人的责任"。在鼓励自我创新的 15% 法则下，新的创意常常从 3M 的基层员工当中产生，并自下而上传递。正是得益于这种良好的创新公式与法则，公司很多著名产品如"报事贴""新砂纸""闪光膜"等被不断地开发出来，员工在得到创新乐趣与奖励的同时，也给公司带来了丰厚利润的回报。被欧美权威机构评为 20 世纪改变人类生活方式的十大发明之一"报事贴（post-it）"就是在 15% 的法则下诞生的。3M 的科学家 Spencer Silver 博士早在 1968 年就发明了制造黏贴剂的方程式，当时他想发明一支超强黏剂，结果失败。后来，Art Fry 发现了这种黏贴剂的使用价值。这些细小的纸条粘得不太牢，却正是人们喜欢报事贴的原因。如今，报事贴便条纸每年可以为 3M 带来超过 3 亿美元的收入。

宽容失败的公司文化

创新文化是创新管理的制高点。是什么法宝，让 3M 的新产品层出不穷？"源于 3M 的企业文化。"3M 大中华区总经理余俊雄说，"3M 的很多新产品并不是工程师研发出来的。譬如防窥屏本来是在电脑上用的，后来用在 ATM 上，现在也被用在手机上，这个点子就是 3M 中国的销售员想出来的。"在 3M，个人的成功主要取决于他们的创意质量和技术水平，知识型员工是公司最重要的资产和智力资本。因此，3M 设法提供大量机会激发员工的智慧和潜力，营造鼓励大家踊跃发言、追求激情、用"精英智慧"来取代"贵族智慧"、高度授权的知识工作环境。余俊雄认为，营造创新文化最重要和最困难的一点是，领导者要懂得授权——把嘴巴闭起来，把手放在口袋里，放手让团队去做事情。

3M 致力于营造容忍失败和允许犯错误的具有良好创新氛围的知识工作环境。创新成果美好，但过程曲折，因而进行创新要鼓励冒险，允许失败，但绝不允许重复同样的失败。在 3M，创新人员失败后，一般情况下薪金、待遇，甚至晋升都不会受到影响，使得员工为创新冒险而无后顾之忧。公司隔离胶带产品开发时，经历多次失败。每次失败后，研发人员得到的不是打击，而是鼓励与支持。正是在公司宽容失败的文化鼓舞下，研发人员不怕失败，反复试验，最终隔离胶带成功上市，并很快成为公司的核心产品，目前每年能给公司带来上亿美元的销售额。这些做法也可以从 3M 精神领袖、前任 CEO 麦克奈特的理念中得到印证。他常常对员工们说：我们容忍员工犯错误，只要他的动机是好的。从长远来看，与一些管理层利用职权专制地告诉下属怎么做之类的错误相比，员工所犯的错误可能微不足道。他也常常告诉经理们：要鼓励实验性的涂鸦；如果你在四周竖起围墙，那你得到的只能是羊；为了发现王子，你必须与无数只青蛙接吻；切勿随便扼杀任何新的构想；如果他们是优秀的员工，我们就应该赋予他们权威和责任，让他们用自己的方式去完成任务。

从某种意义上说，创新的失败是必然的，而成功是偶然的。在 3M，有超过 60% 的新产品最终都失败了，这还不包括产品研发出来前，研发实验室中的不计其数的失败。失败的原因不外乎无法克服的科技障碍及发现想象中的市场并不存在等。然而，3M 的成功并不是偶然发生的，而是由系统的机制与文化来支撑和保证的。这根源于它"宽容失败"的文化基因，通过系统的实践和创新的原理来获得支持和鼓励，并结合科技和创造力来满足客户的现有和潜在需求。这个百年企业能否继续保持既有的创新速度，很大程度上将取决于其独特的创新机制及管理模式能否适应未来的动态环境。对我们而言，创新型企业才是实现我国"自主创新型国家"战略的核心和主旋律。创新是一门艺术，中国企业家们应结合企业自身实际，力争早日使自己的企业成为具有自主创新能力的"黑马"。当然，3M 经过百年积累的某些特性，比如，令对手望尘莫及的 47 个核心技术平台，其他公司是很难仿效的。但是，学习 3M 公司鼓励创新的企业文化，参考其创新机制设计，或许可以帮助中国企业家们使公司创新从"混沌无序的边缘"到达"有序的平衡"。

教师引导方向：通过资料我们可以看到，创新对一个企业非常重要，甚至可以夸张地说：创新，企之要害，死生之道，存亡之理，不可不察。那么学习过 3M 的案例，如何应用创新思维来设计新的产品呢？

参考：产品设计中，将创造性思维的基本原理和常用技法与具体产品创新结合才是产品设计的灵魂，不能盲目效仿。

铱星计划案例

铱星计划是一个让许多摩托罗拉人兴奋不已的想法。

革命性的想法从何而来？对于摩托罗拉的工程师巴里·伯蒂格来说，来自于妻子在加勒比海度假时的抱怨，说她无法用手机联系到她的客户。回到家以后，巴里和摩托罗拉在亚利桑那州工作的卫星通信小组的另外两名工程师想到了一种铱星解决方案——由 66 颗近地卫星组成的星群，让用户从世界上任何地方都可以打电话。

自从 20 世纪 60 年代投入使用以来，通信卫星大都是在 22000 英里高度的轨道上运行的地球同步卫星。依靠这一高度的卫星意味着电话机要大，还伴有 1/4 秒的声音滞后。例如，美国通信卫星公司的 Planet1 电话机重 4.5 磅，和电脑差不多大。铱星的创意就在于使用一批近地卫星（大约 400～500 英里高度），近地卫星因离地球更近，电话机的体形可大大缩小，声音的滞后也会近乎觉察不到。

这是个好的创意吗？尽管遭到伯蒂格顶头上司的否决，这一计划却得到了摩托罗拉总裁罗伯特·高尔文的青睐并给予了支持。对于罗伯特，以及他的儿子克里斯·高尔文（后来成为他的继任人）来说，铱星计划是摩托罗拉技术高超的显示，具有巨大潜力，令人振奋，绝不可放弃。对于摩托罗拉的工程师们来说，建立铱星群的挑战是一次经典的"技术拉锯战"——50 多亿美元的代价终于让他们在 1998 年将铱星首次投入使用。

这一项目是在 1991 年正式启动的。当时，摩托罗拉投资 4 亿美元建立了铱星公司。这是一个单独的公司，摩托罗拉拥有 25% 的股份和董事会上 28 席中的 6 席。另外，摩托罗拉还作出了 7.5 亿美元的贷款承诺，并给予铱星要求再增加 3.5 亿的期权。就铱星来说，它最终与摩托罗拉签订了 66 亿美元的合约，其中 34 亿用于卫星的开发，29 亿用于维持公司正常运行。铱星则要为摩托罗拉建立卫星通信系统提供技术。

在铱星即将发射其首批卫星之时，爱德华·斯坦阿诺加入了董事会并担任首席执行官。在加入铱星以前，斯坦阿诺已为摩托罗拉工作了 23 年，其精明与刻薄广为人知。对他来说，舍摩托罗拉而选择铱星意味着放弃与前者每年 130 万美元的合约，而选择每年 50 万底薪外加 5 年期 7 万 5 千股铱星的股份。一旦铱星赚钱，斯坦阿诺就会财源广进。

展开服务

1998 年 11 月 1 日，在进行了耗资 1.8 亿美元的广告宣传之后，铱星公司展开了它的通信卫星电话服务。开幕式上，副总统阿尔·戈尔用铱星打了第一通电话。电话机的价格是每部 3000 美元，每分钟话费 3 ～ 8 美元。结果却令人不无沮丧。到 1999 年 4 月，公司还只有 1 万个用户。面对着微乎其微的收入和每月四千万美元的贷款利息，公司陷入了巨大的压力之中。4 月里，就在公司宣布其季度财务报告的前两天，首席执行官斯坦阿诺辞职，宣称他与董事会在战略问题上发生了分歧。公司内部一位资深人员约翰·理查德森迅速接替斯坦阿诺成为临时首席执行官，但毁灭的阴影却已经笼罩了上来。

1999 年 6 月，铱星解雇了 15% 的员工，甚至包括几位参与了公司营销战略规划的经理。8 月，它的用户只上升到 2 万个，离贷款合同要求的 52000 个相去甚远。1999 年 8 月 13 日，星期五，在拖欠了 15 亿美元贷款的两天之后，铱星提出了破产保护申请。

有趣的是，1999 年 5 月 24 日《华盛顿邮报》上，铱星首席执行官约翰·理查德森还在振振有词："不用介绍一种产品就可以上市，我们为 MBA 案例提供了一个经典案例。首先我们创造了一项技术奇迹，然后我们就可以去想如何用它来赚钱了。"

破产后的剖析

对于铱星公司是否从一开始就注定要失败，至今还有不少争论。虽然许多内部人士在它破产之后仍对这一创新深信不疑，局外人却要谨慎得多，他们把铱星称作"摩托罗拉的美妙幻想"。就如同坠入情网时一样，任何人提出有关钱的问题都不是真正的信徒——这是塔利班分子的逻辑。

手机的发展大大削减了市场对铱星服务的需求。铱星知道它的电话相对于手机来说太大了也太贵了，于是他们不得不在手机服务无法到达的领域内谋求发展。由于有了这一限制，铱星把它的市场目标锁定在跨国商务人士身上，因为他们经常会去到手机服务无法到达的偏远地区。虽然这一市场计划的制订是在手机兴起之前，铱星也从未把服务目标从他们身上移开过。1998 年，首席执行官斯坦阿诺就预言到 1999 年年底，铱星将会有 50 万用户。

铱星的主要问题之一就是手机的普及之快超过了他们的预想。最后，手机已经无处不在。按照铱星复杂的科技，从构想到推广的时间是 11 年。在这期间，手机已经覆盖了几乎整个欧洲，甚至还进入了发展中国家，如中国和巴西。简言之，铱星的市场目标只是一小部分人——商务旅行者——可他们的要求却日益被服务优越得多的手机所满足。

铱星的技术限制和它的设计扼杀了它的前途。由于铱星的技术是基于看得见的天线和轨道上的卫星，因此用户在车里、室内和市区的许多地方都无法使用电话。甚至在野外的用户还得把电话对准卫星方向来获取信号。正如一位高级商业顾问所说："你无法想象，一个出差到曼谷的首席执行官走出大楼，走到街角，然后掏出一部 3000 美元的电话来打。"就连摩托罗拉的前首席执行官乔治·费希尔在一次采访中也承认："无法做到小型，无法在室内使用绝非是我们的最初构想，无论是什么原因，它都大大损害了这一项目。"

此外，一些技术上的缺陷也无法弥补。铱星能够传输的数据量有限，而这对于商业人士来说恰恰越来越重要。更令人头痛的是，在偏远地区必须找到一些特殊的太阳能设备才能给电池充电。这些限制让铱星在它锁定的长期出行的商业人士的市场上销售得十分艰难。

铱星电话的外形设计也不利于它的推广。1997年11月，铱星的营销传播总监约翰·温多尔夫这样描绘他们的电话："它可真大，大得吓人！以这样的产品加入竞争，我们一定会输。"然而直到一年以后，铱星推出的几乎还是当初的产品。这种手机虽然比美国卫星通信公司的Planet1要小，但还是有砖头那么大。最终，它成了这个企业许多无法解决的问题中的一个。

【思考练习】

（1）铱星计划为什么会失败？

（2）应该如何设计产品，才能让我们的产品足够吸引顾客？

（3）从前面的创新创业案例中，你得到了哪些启发？

第8章　商业模式设计

【引言导入】

随着互联网的发展，越来越多的企业开始注重商业模式的重要性，但究竟什么是商业模式？并没有一个清晰的定义，有人说商业模式就是盈利模式，研究怎么赚钱。也有人说商业模式就是运营模式，怎样提供更好的服务，运营好一个产品。还有人说商业模式就是 P2P、O2O 这些，但其实这些都不全面，商业模式实际上就是你在 3 岁的时候勾画出你 70 岁要活成什么样子。有人觉得商业模式就是战略模式，其实并不是，因为两者是有区别的，商业模式是站在产业的视角看待问题，是创新整合思维，而战略模式是企业视角，是竞争选择思维，商业模式包含战略模式、盈利模式、运营模式等。简言之，商业模式就是企业通过什么途径和方式来获取利润。从金融和财务角度看，商业模式的创新就是创新价值、创造资本最大化的基本逻辑。

【学习目的】

- 了解商业模式的重要性与基本概念
- 熟悉商业模式画布的应用
- 掌握商业模式设计方法

8.1　感知商业模式

作为初创企业，创业者拥有更多创业模式的选择，相对于行业中经营模式已经固定的其他企业，商业模式是可以利用的一大优势。那么问题来了，什么才是商业模式呢？

商业模式概念：是管理学的重要研究对象之一，MBA、EMBA等主流商业管理课程均对"商业模式"给予了不同程度的关注。在分析商业模式过程中，主要关注一类企业在市场中与用户、供应商、其他合作伙伴的关系，尤其是彼此间的物流、信息流和资金流。

商业模式：实际上就是研究企业与企业之间、企业的部门之间乃至与顾客之间、与渠道之间都存在各种各样的交易关系和联结方式。

元素与构成：哈佛商学院教授克莱顿·克里斯滕森说：商业模式就是如何创造和传递客户价值和公司价值的系统。虽然每个人对商业模式包含的元素理解各不相同，但对这个词的定义都可以接受。那么商业模式包含哪些元素呢？克莱顿·克里斯滕森的理解包括三个要素：客户价值主张、资源与能力、盈利模式。通俗一点来说就是以下三点：第一，你能给客户带来什么价值？第二，你有什么资源和能力同时能带来客户价值和公司盈利？第三，你如何带来客户价值和公司盈利？

《商业模式新生代》的作者亚历山大·奥斯特瓦德和伊夫·皮尼厄则把商业模式分成九个要素：价值主张、客户细分、客户关系、关键业务、核心资源、关键合作、分销渠道、成本结构和收入来源。分析这九个要素，就会发现价值主张和客户细分关系到客户价值主张，成本结构和收入来源关系到盈利模式，其他五个要素则可以分别归结为关键资源和关键流程。

客户价值主张是商业模式的核心要素，也是其他几个要素的预设前提。这也符合最基本的商业逻辑：你想赚钱？好！请问你能给别人带来什么价值？商业的本质是价值交换，要交换价值就得首先创造价值，因此有两个问题创业者一定要搞清楚：你的目标客户是谁？你能为他们提供什么价值？

这个问题并不复杂，但还是有很多创业公司没搞清楚。技术类创业的公司更容易走入一个认知误区：只要技术足够强，客户自然会乖乖地买单。其实，市场需求和技术领不领先是两回事，很多看上去很炫的技术，几乎是没有市场的。大多数科研成果看上去都很炫，但能够转化为市场需求的产品不到10%！这也是大多数技术创新类公司失败的主要原因。

本节我们也将通过三个方面来更深入地学习商业模式。分别是客户价值主张，资源与能力，盈利模式。

8.2　熟悉商业画布的应用

好的商业设计模式是企业成功的关键，为了设计好它，我们习惯于借助商业画布。那么什么是商业画布呢？

商业画布其实是指一种能够帮助创业者催生创意、降低猜测、确保他们找对目标用户、合理解决问题的工具。它不仅能够提供更多灵活多变的计划，而且更容易满足用户的需求。更重要的是，它可以将商业模式中的元素标准化，并强调元素间的相互作用。商业画布如图 8-1 所示：

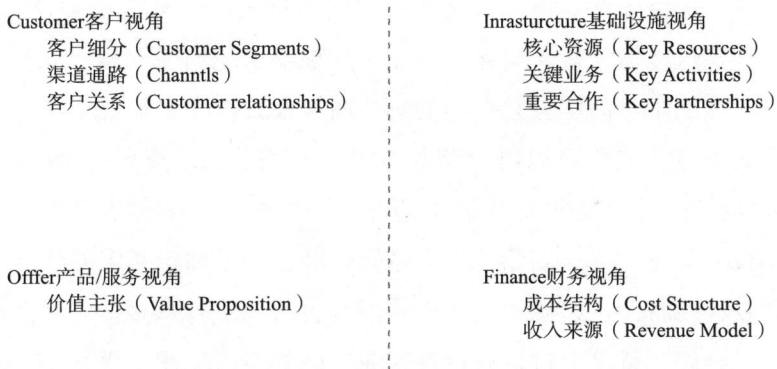

Customer客户视角
　　客户细分（Customer Segments）
　　渠道通路（Channtls）
　　客户关系（Customer relationships）

Inrasturcture基础设施视角
　　核心资源（Key Resources）
　　关键业务（Key Activities）
　　重要合作（Key Partnerships）

Offfer产品/服务视角
　　价值主张（Value Proposition）

Finance财务视角
　　成本结构（Cost Structure）
　　收入来源（Revenue Model）

图8-1　商业画布四视角

由此，我们设计出来的商业画布是这样的（图 8-2）：

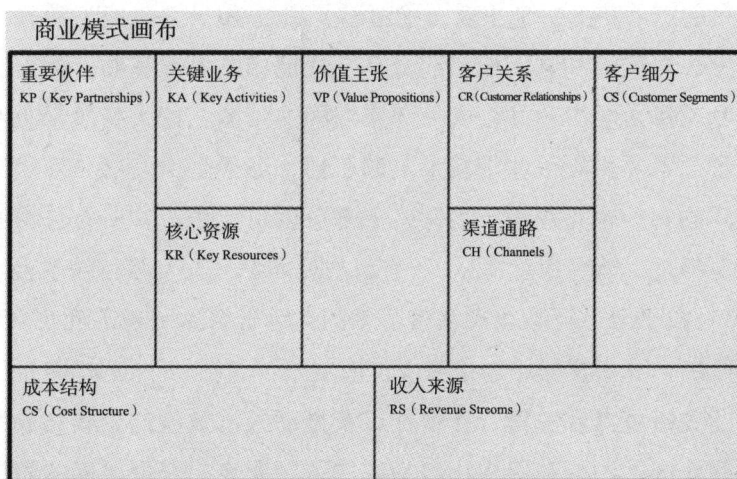

商业模式画布

重要伙伴 KP（Key Partnerships）	关键业务 KA（Key Activities）	价值主张 VP（Value Propositions）	客户关系 CR（Customer Relationships）	客户细分 CS（Customer Segments）
	核心资源 KR（Key Resources）		渠道通路 CH（Channels）	
成本结构 CS（Cost Structure）		收入来源 RS（Revenue Streoms）		

图8-2　商业画布

我们为什么设计出这样一张商业画布？根据其用途我们发现它具有如下特征：

（1）完整性：它可以确定你商业模式的方方面面已经就绪。这里说的不是事无巨细的完整性。它应该是高层次的，而不是纠缠于细节。当然，如果存在很大的漏洞，同样也会一目了然。

（2）一致性：可以判断商业模式的各个方面是否一致。比如，

135

涉及合作伙伴的假设与涉及渠道的假设一致吗？

（3）一目了然：可以看到所有的同事是否清楚你正在做什么？为什么要这么做？必须确保这一点。如果要求他们独立画出商业模式图，他们画出的图会是一样的吗？商业模式图为讨论确定了一个明确的焦点，我们可以讨论商业模式各方面是否形成了一个整体，还可以看出人们对你正在做的事是否有什么误解或不同见解。

（4）沟通：你向创业导师、顾问、潜在雇员和投资者畅谈自己的商业设想时，可以画出商业模式图，也可以进行调整。它可以确定员工会议、董事会讨论或投资者演示的焦点。相比一页文字，人们更容易记住一张图（并根据基本的原则重新绘制一张图）。

所以如果你已经开始考虑创业，你就已经开始将思考形成图形，这就是起点。花上一个小时，绝对不要超过90分钟，把它留在一块白板上，与同事和顾问们一起分享。让他们粘上便利贴，提出自己的问题。每次至少和几个人一起来回顾这张图，让头脑风暴激发出好点子。不要担心一些细枝末节的事情，即便是由九部分组成的商业模式画布，也只需重点填写六七部分就可以推进。所有公司的关键活动都是"销售和营销"，所有科技公司都"开发了科技平台"（而且，"科技平台"还会出现在接下来的关键资源这一项下面）。无须事无巨细，真正要操心的是明确价值主张，包括每个细分客户群体、细分的关键资产和关键合作伙伴以及推动经济效益的营收和成本分项。商业模式图的高级应用包括层层关键假定、获得明确的假设以及对假定的检验。

8.3 掌握商业模式设计方法

本章节我们将通过三个方面来设计商业模式，分别是客户价值主张，资源与能力，盈利模式三方面。

8.3.1 客户价值主张

客户价值主张主要包含四部分，客户细分、价值主张、渠道通路和客户关系。

（1）客户细分：是指公司所瞄准的消费者群体。这些群体具有某些共性，从而使公司能够（针对这些共性）创造价值。定义消费者群体的过程被称为市场细分。

客户构成了任何商业模式的核心。没有（可获益的）客户，就没有企业可以长久存活。为了更好地满足客户，企业可能把客户分成不同的细分区隔，每个细分区隔中的客户具有共同的需求、共同的行为和其他共同的属性。商业模式可以定义一个或多个或大或小的客户细分群体。企业必须做出合理决议，到底该服务哪些客户细分群体，该忽略哪些客户细分群体。一旦做出决议，就可以凭借对特定客户群体需求的深刻理解，仔细设计相应的商业模式。

客户群体现为独立的客户细分群体，如果：

• 需要和提供明显不同的提供物（产品/服务）来满足客户群体的需求；

• 客户群体需要通过不同的分销渠道来接触；

• 客户群体需要不同类型的关系；

• 客户群体的盈利能力（收益性）有本质区别；

• 客户群体愿意为提供物（产品/服务）的不同方面付费。

（2）价值主张：是指公司通过其产品和服务所能向消费者提供的价值。通过价值主张来解决客户难题和满足客户需求。

它是客户转向一个公司而非另一个公司的原因，它解决了客户困扰（customer problem）或者满足了客户需求。每个价值主张都包含可选系列产品或服务，以迎合特定客户细分群体的需求。在这个意义上，价值主张是公司提供给客户的受益集合或受益系列。有些价值主张可能是创新的，并表现为一个全新的或破坏性的提供物（产品或服务），而另一些可能与现存市场提供物（产品或服务）类似，只是增加了功能和特性。

（3）渠道通路：是指公司用来接触消费者的各种途径。通过沟通、分销和销售渠道向客户传递价值主张。

这些渠道构成了公司相对客户的接口界面。它也是客户接触点，它在客户体验中扮演着重要角色。渠道通路包含以下功能：

• 提升公司产品和服务在客户中的认知；

• 帮助客户评估公司价值主张；

• 协助客户购买特定产品和服务；

• 向客户传递价值主张；

• 提供售后客户支持。

（4）客户关系：是指在每一个客户细分市场建立和维系客户关系。即同消费者之间所建立的联系。

企业应该弄清楚希望和每个客户细分群体建立的关系类型。客户关系范围可以从个人到自动化。客户关系可以被以下几个动机所驱动：

• 客户获取；

• 客户维系；

• 提升销售额（追加销售）。

例如，早期移动网络运营商的客户关系由积极的客户获取策略所驱动，包括免费移动电话。当市场饱和后，运营商转而聚焦客户保留以及提升单客户的平均收入。商业模式所要求的客户关系深刻地影响着全面的客户体验。

8.3.2　资源与能力

主要包含了三个部分：核心资源、关键业务、重要合作伙伴。

（1）核心资源：它是提供和交付先前描述要素所必备的重要资产。每个商业模式都需要核心资源，这些资源使得企业组织能够创造和提供价值主张、接触市场、与客户细分群体建立关系并赚取收入。不同的商业模式所需要的核心资源也有所不同。微芯片制造商需要资本集约型的生产设施，而芯片设计商则需要更加关注人力资源。

核心资源可以是实体资产、金融资产、知识资产或人力资源。核心资源既可以是自有的，也可以是公司租借的或从重要伙伴那里获得的。

（2）关键业务：关键业务构造模块用来描绘为了确保其商业模式可行，企业必须做的最重要的事情。

任何商业模式都需要多种关键业务活动。这些业务是企业得以成功运营所必须实施的最重要的动作。正如核心资源一样，关键业务也是创造和提供价值主张、接触市场、维系客户关系并获取收入的基础。而关键业务也会因商业模式的不同而有所区别。例如，对于微软等软件制造商而言，其关键业务包括软件开发。对于戴尔等电脑制造商来说，其关键业务包括供应链管理。对于麦肯锡咨询企业而言，其关键业务包含问题求解。

（3）重要合作伙伴：用来描述让商业模式有效运作所需的供应商与合作伙伴。

企业会基于多种原因打造合作关系，合作关系正日益成为许多商业模式的基石。很多公司创建联盟来优化其商业模式、降低风险或获取资源。

我们可以把合作关系分为以下四种类型：

①在非竞争者之间的战略联盟关系；

②竞合：在竞争者之间的战略合作关系；

③为开发新业务而构建的合资关系；

④为确保可靠供应的购买方—供应商关系。

8.3.3 盈利模式

盈利模式主要包含成本结构和收入来源两部分。

（1）成本结构：本结构用来描绘运营一个商业模式所引发的所有成本。这个构造块用来描绘在特定的商业模式运作下所引发的最重要的成本。创建价值和提供价值、维系客户关系以及产生收入都会引发成本。这些成本在确定关键资源、关键业务与重要合作后可以相对容易地计算出来。然而，有些商业模式，相比其他商业模式更多的是由成本驱动的。例如，那些号称"不提供非必要服务"（nofrills）的航空公司，是完全围绕低成本结构来构建其商业模式的。

（2）收入来源：收入来源用来描绘公司从每个客户群体中获取的现金收入。如果客户是商业模式的心脏，那么收入来源就是动脉。

企业必须问自己，什么样的价值能够让各客户细分群体真正愿意付款？只有回答了这个问题，企业才能在各客户细分群体上发掘一个或多个收入来源。每个收入来源的定价机制可能不同，例如，固定标价、谈判议价、拍卖定价、市场定价、数量定价或收益管理定价等。

一个商业模式可以包含两种不同类型的收入来源：

①通过客户一次性支付获得的交易收入。

②经常性收入来自客户为获得价值主张与售后服务而持续支付的费用。

【课堂设计】

课堂设计：制作商业画布

设计目的：

让学员通过经营一个足球俱乐部，来分为三个方面设计出一张完整的商业画布，以巩固上述学习内容。

设计内容：

如果让你经营一个足球俱乐部，你将如何运营？描述一下你的足球俱乐部的商业模式。

步骤：

第一步：客户价值主张分析

（1）针对客户细分提供价值主张。

（2）思考如何去接触客户？

（3）如何建立客户关系？

教师引导：

• 客户细分主要分为可提供物和客户两个部分，根据不同客户所需要的提供物来划分提供价值主张

• 根据客户来源来寻找渠道通路，比如，球迷可以通过运动场来接触

•通过价值主张相同或者有关联的网站、博客等建立客户与客户或客户与供应商的关系

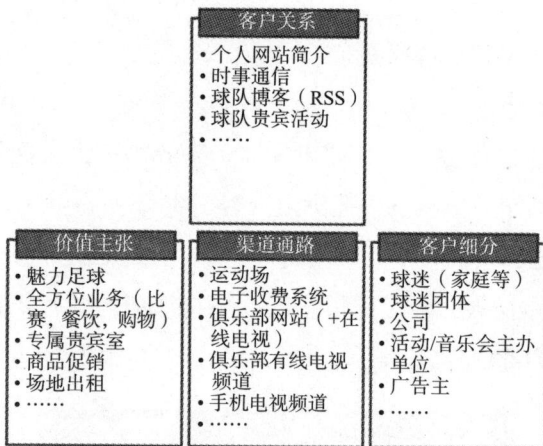

客户关系
•个人网站简介
•时事通信
•球队博客（RSS）
•球队贵宾活动
•……

价值主张	渠道通路	客户细分
•魅力足球 •全方位业务（比赛，餐饮，购物） •专属贵宾室 •商品促销 •场地出租 •……	•运动场 •电子收费系统 •俱乐部网站（+在线电视） •俱乐部有线电视频道 •手机电视频道 •……	•球迷（家庭等） •球迷团体 •公司 •活动/音乐会主办单位 •广告主 •……

第二步：资源与能力设计

想象一下你的足球俱乐部。

（1）思考为了实现价值主张，你需要什么样的核心资源？

（2）你的关键业务是什么？

（3）为了实现关键业务，你需要哪些重要合作伙伴？

教师引导：

•先想到目前你所具备哪些资源，这些资源与你竞争对手最大的不同或别人所不具备的有哪些

- 在这些业务中找到最核心的部分和用户需求量最大的部分
- 根据你的核心业务，与合作伙伴实现一一对应的关系

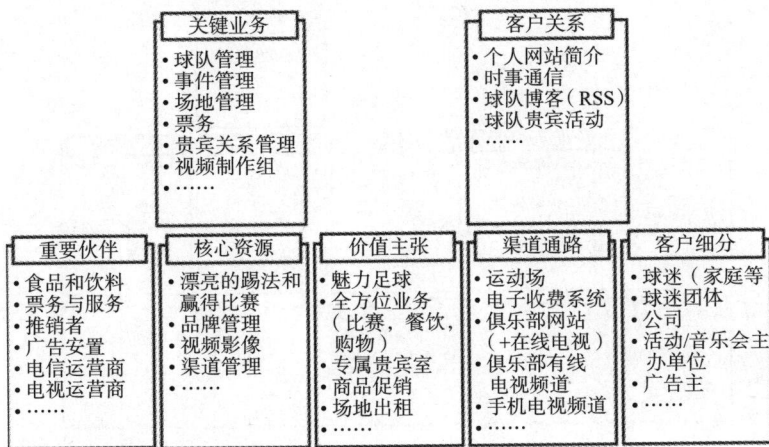

关键业务		客户关系
・球队管理 ・事件管理 ・场地管理 ・票务 ・贵宾关系管理 ・视频制作组 ・……		・个人网站简介 ・时事通信 ・球队博客（RSS） ・球队贵宾活动 ・……

重要伙伴	核心资源	价值主张	渠道通路	客户细分
・食品和饮料 ・票务与服务 ・推销者 ・广告安置 ・电信运营商 ・电视运营商 ・……	・漂亮的踢法和赢得比赛 ・品牌管理 ・视频影像 ・渠道管理 ・……	・魅力足球 ・全方位业务（比赛，餐饮，购物） ・专属贵宾室 ・商品促销 ・场地出租	・运动场 ・电子收费系统 ・俱乐部网站（＋在线电视） ・俱乐部有线电视频道 ・手机电视频道	・球迷（家庭等） ・球迷团体 ・公司 ・活动/音乐会主办单位 ・广告主

第三步：盈利模式

回忆你的足球俱乐部，如何利用商业模式赚钱？

使用你的核心资源，需要消耗的成本是多少？

教师引导：

（1）想想你的收入主要有哪些？例如本例中的收入可能会有：

- 门票和季票费

- 网络电视订阅收入

- 出租场地举办活动收入

- 广告收入

- 商品销售收入

（2）根据核心资源与关键业务的对应关系，找出关键业务中的主要消耗，例如，本例中消耗的成本有：

- 球队维持

- 基础设施管理

- 营销

- 视频

总结：

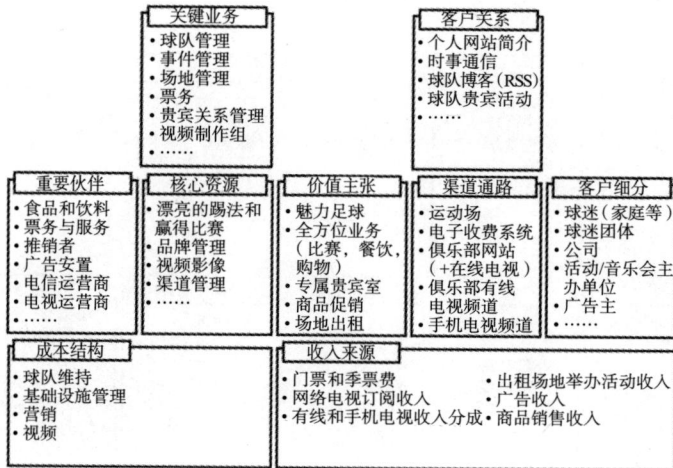

关键业务		客户关系	
• 球队管理 • 事件管理 • 场地管理 • 票务 • 贵宾关系管理 • 视频制作组		• 个人网站简介 • 时事通信 • 球队博客(RSS) • 球队贵宾活动 • ……	

重要伙伴	核心资源	价值主张	渠道通路	客户细分
• 食品和饮料 • 票务与服务 • 推销者 • 广告安置 • 电信运营商 • 电视运营商	• 漂亮的踢法和赢得比赛 • 品牌管理 • 视频影像 • 渠道管理 • ……	• 魅力足球 • 全方位业务(比赛,餐饮,购物) • 专属贵宾室 • 商品促销 • 场地出租	• 运动场 • 电子收费系统 • 俱乐部网站(+在线电视) • 俱乐部有线电视频道 • 手机电视频道	• 球迷(家庭等) • 球迷团体 • 公司 • 活动/音乐会主办单位 • 广告主 • ……

成本结构	收入来源		
• 球队维持 • 基础设施管理 • 营销 • 视频	• 门票和季票费 • 网络电视订阅收入 • 有线和手机电视收入分成	• 出租场地举办活动收入 • 广告收入 • 商品销售收入	

【知识链接】

知识链接一：凡客案例

VANCL（凡客诚品），由卓越网创始人陈年创办于2007年，产品涵盖男装、女装、童装、鞋、家居、配饰、化妆品七大类，支持全国1100城市货到付款、当面试穿、30天无条件退换货。创立六年以来，凭借极具性价比的服装服饰和完善的客户体验，凡客诚品已经成为网民购买服装服饰的主要选择对象。

据最新的艾瑞调查报告，凡客诚品已跻身中国网上B2C领域收入规模前四位，其中自有服装品牌销售额位居国内第一。其所取得的成绩，不但被视为电子商务行业的一个创新，更被传统服装业称为奇迹。

客户价值主张

凡客诚品公司的网络销售服装模式，一开始就精准定位于"懒男人"，而不是针对通常服装企业喜欢针对的女性顾客。凡客诚品公司先从经典标准款的男装切入，直到第三年才开始逐步切入女装领域。

所谓"懒男人"，就是那些厌倦了去百货商场购物的男性顾客，他们觉得去百货商场购物非常麻烦，他们一直在期待一种更加简洁、便利的购物方式，所以，当网络、目录、电话方式可以足不出户购买服装时，"懒男人"们心花怒放，既能偷懒省事，网络购物还引领了时尚潮流，何乐而不为？与此同时，男性顾客购买的衬衣、T 恤等标准款、经典款的服装对尺码、大小的要求不是那么苛刻，客户满意度相对更容易保障。因此，凡客诚品公司把"懒男人"作为切入点的客户群定位相当精准，是凡客诚品公司取得巨大成功的良好起点！

渠道通路：

分为线上销售和送货上门。

客户关系：

目前在新浪、腾讯、网易、搜狐等各大网站，以及迅雷等网络常用工具资讯条上，无处不见凡客诚品的销售踪影，其接触点之多超乎想象。凡客注重在互联网上的推广，网络投放的广告占所有广告投放的 60% 以上。重要的是广告的卖点明确、制作精美抓住了消费者的眼球，让其产品销售与品牌同步得到提升。

推广模式：

凡客邀请王珞丹和韩寒作为品牌代言人，这在电子商务行业绝无仅有，凡客此举被业界人士视为旨在关联明星品牌和凡客品牌，增加企业的品牌知名度和美誉度。

除了在互联网上打低价牌，凡客诚品还广泛利用了口碑营销、病毒营销、博客营销等多种营销方式，向消费者传达"商务精英简单得体的生活方式"的品牌形象解析凡客诚品的商业模式，解析现实生活中的两种商品交易结构，发现行业本质。

接下来，我们将从两个层面来分析一下现实生活中存在的两种基本交易方式，然后通过这两种交易方式来看看它们之间有什么不同，从而解析网络交易 B2C 的行业本质，最后通过洞察网络交易

B2C 的行业本质来解析凡客诚品的商业模式以及它成功的关键。

第一种交易方式：例如，现实生活中我们在专卖店，商超等所有的这种商家与消费者面对面的交易方式，以下简称"面对面交易方式"。接着我们来看一种现象：现实生活中，我们购买任何一件商品时，都会只相信自己的眼睛，自己的手，自己通过对商品的观察、体验等，通过自身的感受我们才能决定是否购买此商品，虽然商家通过各种渠道进行广告宣传、轰炸，但是我们仍然只会相信自己对商品的感受与判断，比如，我们要购买一幢房子，当我们看到某则广告上大肆宣传某某楼盘非常非常好时，我们通常会找到那个楼盘，然后看了一遍又一遍，有时不光是自己看了，甚至还会拖着我们的亲朋好友一起去看。为什么会这样呢？因为我们最相信的人是我们自己，当我们的眼睛看到那房屋结构是否是自己喜欢的，那阳台的大小是否可以放得下一个躺椅，那窗户的朝向是否可以看到对面的湖，等等；同时我们的手摸到的那墙面，那大理石的灶台是否是真实的，我们才会决定接下来是否购买。再比如，我们在某则广告上看到一款笔记本电脑、一款手机或者一条裙子，甚至一个女生头上的发卡，我们都会走好几家商店，试了又试，比了又比，找到一款最合适的，我们才决定买下来。这就是现实生活中我们的交易情况。能过分析我们可以把这种交易方式以图形的方式画出来，那就是：选择商品—检查并确认—付款—提货。

针对这种交易方式，我们总结其特点如下：

消费者通常只相信自己亲身感受到的商品，所以他们先是选择商品，然后通过检查确认无误之后才会付款，然后提货。

教师引导：

问题一：通过这种交易方式，消费者得到什么好处？

参考答案：

（1）消费者在购买时心里稳实（相对没有多大的风险），因为消费者只相信自己对商品的亲身感受；

（2）消费者可以即买即得，满足了购买心理的需求；

问题二：通过这种交易方式，给消费者带来哪些不便？

参考答案：

（1）需要花费大量时间逛街：消费者为了买到一件自己想要的商品，通常需要花大量的时间去逛街，寻找自己想要的商品，有时花了时间还不一定能找得到。

（2）购买需要的商品受区域限制：比如，我们想买北京烤鸭，在南方就很难实现。

（3）无法对同类商品进行比价：通常在购买时我们很难同时对市面上同类商品进行比价，所以你买的商品价格是否合理，你并不一定知道（因为要如果要进行价格比较你就得跑很多卖相同产品的店，有时为了节省时间，不得不看到合适的就直接买下。）

知识链接二：百丽商业模式案例

百丽集团创建于 1992 年 3 月 8 日，是在香港丽华鞋业贸易有限公司投资大陆兴建的生产加工企业的基础上迅速发展起来的产销一体化集团企业，中国大陆著名的鞋业品牌连锁经营公司，香港美丽宝（集团）国际控股有限公司、美国 NIKE（耐克）公司、欧洲 ADIDAS（阿迪达斯）公司、美国 NEW BALANCE（新百伦）公司、最大连锁网络之一 BATA（巴塔）、美国李维斯公司（Levi's）"世界第一条牛仔裤"，美国李维斯公司在中国最大的合作伙伴。

百丽集团自主经营 11 个著名鞋类品牌：Belle（百丽）、Teenmix（天美意）、Tata（他她）、Staccato（思加图）、Joy&Peace（真美诗）、Mirabell（美丽宝）、Millie's（妙丽）、Senda（森达）、Innet（茵奈儿）、Basto（百思图）及 JipiJapa，代理经营 8 个著名品牌——Bata、BCBG、Elle、Clarks、Mephisto、Merrell、Caterpillar 等。百丽集团拥有中国鞋业第一自营连锁销售网络，2010 年营业额超过 237 亿元人民币，销售网络覆盖中国大陆包括所有省会城市在内的 300 多个主要城市，自营连锁店铺达 13500 余间（截至 2011 年 10 月）。产品辐射中国（含港澳台）、美国、欧洲、日本、东南亚、中东、非洲等国家或地区。

核心资源

百丽的每个品牌都有自己的设计师队伍，各品牌的风格以主设计师为核心，基本上每个品牌都是自主设计，彼此之间不会共享创意，以保持各品牌风格的独立性。

当各品牌的设计图纸出来后，会被带到一年四季的订货会上，接到订单后，由各品牌的货品部与工厂接洽，负责下订单和补单。当皮鞋从工厂生产出来后，货品部会将数据交付给各品牌的营运部，由营运部负责核对产品，并且向位于全国 10 个大区的配送中心发送数据。

在各区域的配送中心，百丽国际各品牌的产品开始汇集。在物流环节，拥有多个品牌的百丽，在仓储物流上开始了资源整合。

百丽旗下品牌资源整合的第二站是在渠道开拓中打包进入。百丽的销售网点多为商场专柜。百丽进驻商场时，一般会将主打的四五个品牌一起进驻，而且由于他们的产品销售不错，在和商场的谈判中往往占上风。

设计研发和补货调货的分品牌独立管理，仓储物流和渠道开拓的打包整合，分、合之间的井然有序，使得百丽最大限度地整合了公司资源，以相对低的成本进行多品牌运作。

关键业务

在鞋业，百丽的业务模式独树一帜，采取纵向一体化的业务模式，包括产品设计和开发、生产、营销和推广、分销和零售，这种模式让百丽可以最大限度地控制供应链。快速的反应能力、匀速的节奏，是百丽的供应链要素，百丽旗下各品牌在研发运营上保持独立，在仓储和物流环节开始整合。

尽管百丽有 4000 多个销售网点，却能保持轻盈灵活的市场反应能力，其以自营为主的渠道和货品部的紧密结合是百丽的秘诀。

百丽并没有投放大量广告，在每一个百货商场，你看到的是不同的品牌专柜，但这些专柜的背后都归属百丽公司。百丽公司控制了销量最大的百货商场零售终端，因此牢牢地控制了消费者，从而掌握了主动权。

百丽公司牢牢地控制了百货商场这样一个占据着中国品牌女鞋销量 71% 的黄金地段，它用 1/3 甚至 1/2 的柜台来控制百货商场的零售终端柜台。

百丽公司，与其说是一个卖鞋的公司，不如更准确地说它是一家零售连锁企业，连锁业的本质就是"房地产"，而它的成功本质就是"类房地产"。

重要合作伙伴

兴源发是百丽的上游供应商之一。除了兴源发，欧陆鞋城里的永成鞋业、白鹭等档口，都是百丽紧密合作的 ODM 供应商，即它们设计出款式，供百丽挑选，再贴上百丽的品牌销售。

设计师在其后 50% 的生产中仍然具有重要作用，当第一批货投放到市场去后，各品牌的设计师将亲自到一线，查看鞋子畅销和滞销的原因，然后进行改款，以应对市场需求。

百丽公司不仅牢牢地控制了百货商场的零售终端，同时也善于通过资本运作来扩大零售终端的优势。鞋业公司往往现金流不错，很多鞋业公司自认为不缺钱，往往不屑于与风险投资对接，而百丽公司并没有这样狭隘地思考，融资并不是单纯"融资金"，更是"融资源"。百丽公司在融得摩根士丹利和鼎晖基金的风险投资之后进入了企业发展的快车道，于 2007 年 5 月 23 日在香港交易所成功上市。上市当天募集资金近 100 亿元人民币，股票市值达到了将近 800 亿元人民币，国美市值才 360 亿，一个卖鞋的市值超过了国美，也被称为"鞋业国美"。

教师引导：

问题：总结分析百丽集团的核心资源、关键业务、重要合作伙伴分别有哪些？本案例的亮点在哪儿？

参考答案：

商业模式画布				
重要伙伴 设计师 供应商 融资机构 （摩根士丹利和鼎晖基金）	关键业务 设计开发 生产 营销 推广	价值主张	客户关系	客户细分
	核心资源 设计师团队 仓储物流		渠道通路	
成本结构		收入来源		

【拓展阅读】

麦当劳商业模式案例

我们来看一个熟悉的品牌——麦当劳，但很多人并不清楚它强大的原因。我想请问您知道它的盈利模式是什么吗？它是全世界最强大的餐饮连锁，在这个巨大的商业集团后面有着怎样的商业模式？

因此，我们总是认为麦当劳的主营业务收入是卖汉堡。其实我们错了！某种层面上说它的主营业务是房地产，它有一套系统用以识别在哪个地方开一家麦当劳会赚钱，然后它以低价盘回一个房地产，再把它装修成一家麦当劳，在加盟商看来它就不再是那个不值钱的地产，而是一年能够赚多少钱的机器。然后收取高额的加盟费，以资本金的形式迅速扩张，这样一来商家所看到的是一个一年可以赚多少钱的机器。它在产品和管理方面的投入使得我们觉得花大额的资金投入这个企业准没有错。它用的是最好的牛肉、最好的面包，汉堡胚上面芝麻的分布程度都有规定，里面的气泡在 4 毫米口感最佳，常温的汉堡 17° 常温饮料 7° ，10 分钟卖不掉就会丢掉。高品质的汉堡吸引了大量的消费者。然后主推套餐，看似价格更便宜，可乐和薯条之类的小食品才是它的高利润产品，一杯可乐 6 元，净利润 4.5 元。对于加盟它的商家来说，加盟麦当劳的原因是为了获得一套经营模式。它有两万多种软硬技术和一套详细的操作流程，它的工作手册就有 560 页，它的培训和管理流程、管理模式也十分到位，使经营变得十分简单。

麦当劳提出 QSCV 的理念，你会发现全世界的麦当劳装修、灯光都是一样的，冲水马桶都是一个品牌。它的 560 的页工作手册十分详细，炸牛肉饼要 4 分钟，鸡腿炸好以后放到过滤网上面 4 ～ 7 秒，因为不到 4 秒吃起来会比较油，超过 7 秒吃起来会比较干，详细到这个程度，加盟商心里窃喜。麦当劳就要是把软的和硬的打包在一起卖给你，然后它用天价的加盟费出让经营权，收 800 万～ 1000 万的加盟费。然后拿这笔钱继续扩张自己的店面，同时构建自己的物流网络。这就是麦当劳的盈利模式设计的高明之处，它的资金周转率极高，是通过一套完整的商业设计大量吸纳市场的资金，然后通过地产以及商业价值的创造赚取几十倍的超额利润。

它的财务数据显示麦当劳最大的利润来自于房地产、物流、信息化。表面看来加盟商经营这样一家店面是赚到了不少钱，可是事实上人家正是因为我们加盟麦当劳才有了大量的资金去开店、去占领市场。土地使用权是麦当劳商业模式的核心，核心权力是属于麦当劳的而不是加盟商的。它有 1/3 的店面是直营，2/3 的店面是加盟店。它这套模式是要让它自己比竞争对手更快地占领所有的优势地段，并且利用加盟商的潜心经营来使得地价不断升值。同时通过物流配送、半成品加工、原材料供应控制行业内的供应商资源，使自己的餐饮管理公司成为又一个盈利点，从另一个方面节约成本赚取利润。这是它商业模式当中盈利模式的设计。

麦当劳商业模式的核心是土地使用权。其中一部分是自己购买的，另一部分是以极低的价格承租下来后签署长期的租赁合同，然后赚取加盟企业的现金。接下来通过我们所感受到的服务和餐饮文化创造出价值效应，也就是说它不是被动等待地产升值而是通过麦当劳商圈增加人流量，来拉抬地产价格，然后它一分钱也没投就在中国构建自己的物流网络并从中收取了高额加盟费，这就是世界一流的企业的商业模式。如果让我们经营的话，到最后我们一定会把经营权回收，然后做直营赚取高额利润，这就是我们不够精明的地方。麦当劳的策略却恰恰相反，它正在甩卖全球的直营店！因为他看准咖啡市场。麦当劳在做类似于星巴克的一种咖啡店，是一种体验店，在欧美市场麦咖啡平均价格比星巴克要低 5 美分左右，但是拥有同样的消费感受。这就是麦当劳寻找商机的思维模式叫作行业本质分析，星巴克的成功在于它所创造出的无形体验，一流的服务、优美的环境、Wi-Fi 无上网，清晰的市场定位，让消费者体验什么是极品咖啡，优质的咖啡豆和研磨技术，加上它所创造出的无形体验迅速占领市场。而 McCafe 的模式将与星巴克一样，唯一不同的是麦当劳的目标仍然是房地产而不是咖啡店。这标志着新的一轮圈地运动的开始，它既然做房地产就需要融资，传统的融资渠道是"银行和证券市场"，而麦当劳反向运作创造出出让经营权＋经营模式，黄金搭档式的地产运营模式。

麦当劳的盈利模式设计和行业本质分析，那么麦当劳的模式就这么简单么？不是！我们来看它的经营模式设计，麦当劳在收购原材料的时候还向下游的企业提供先进的养殖模式和种植模式，我们以土豆为例：过去每亩土豆年产 6000 斤，每斤 5 元，每亩盈利为 3 万元。那么麦当劳提供给他免费的种植技术，亩产提高到 20000 斤，麦当劳的要求是每斤降到 2 块，农场的收益是每亩 4 万元，每亩地增收是 1 万元，但是麦当劳的成本则是从 5 元降到了 2 元。这就是麦当劳之所以会收购大量的农业行业专利技术的原因，经营模式当中把这种模式这叫资产经营。可能不懂经营的人搞不明白，一个卖汉堡的公司怎么跑去购买畜牧业、养殖业的技术？但是你现在明白，这种投入和产出的收益的比例了吧，同时它也就通过这种模式给竞争对手设置了一个高高的门槛。

再来看麦当劳投资的是什么。相对于种植行业而言，它投资的是科学种田、种好田的整体解决方案；相对于养殖行业而言，它投资的是良种、防疫、销售、流通，等等，一条基于产业价值链的保障体系，这叫作商业赋能器，是商业模式设计中比较核心的设计技术。而且每一家跟麦当劳合作的农场、养殖场都可以得到麦当劳信息化和电子化的支持，拥有一套与麦当劳相匹配的供应链系统，因此麦当劳是基于物流、仓储、种植、养殖打造了一条共生的产业价值链，使得麦当劳成为价值链的核心企业，它牢牢掌握主动权！本书讲的只是它供应链当中最最基础的东西，事实上它的成功之处是它的很多东西你无法复制，因为它不是做企业的而是在做行业。麦当劳投资的不是钱而是一套可以使它快速成长和盈利的商业模式。

我们自己掏钱让别人做我们的老板，我们帮别人管理，帮别人发展它的企业，最后呢？结果就是我们在给外资企业打工，让它们在资本市场不断侵蚀同胞企业。我们所做的就是店面管理，行业运营一点也没有学会。由此可见，一流的企业是做行业的，而我们还是在乐此不疲地做企业。虽然一字之差，却使得利润拥有几何倍数的差异。

国内的快餐行业不能够突围的主要原因在于商业模式的落后，并不是产品口味或者服务的落后。核心在于如果你没有办法满足消费者的无形的消费体验，加上这些大城市的消费者往往比较挑剔，他就不会光顾你的门店。随着时间的推移，消费者会变得越来越挑剔，那么未来将会怎样？未来你所赖以生存的 B 类城市的消费者的消费欲望、品位不断升高的时候，你可能转向 C 类城市，不是说这些城市赚不到钱，可是你会错失投身金融资本市场的机会，同时你的客户群体可能也会不断萎缩。

好的商业模式绝对不会是一个点产生的效应，它是一个系统组织，具有一定战略设计高度。这套模式设计好了企业的运营就会相对简单、有效，反之则会使得企业的销售、管理、运营十分费力。想必大家对麦当劳的商业模式与我们国内企业最大的不同已经有所了解，麦当劳不是向产品要利润，它是在向整个行业价值链要利润，通过地产和运营模式汇聚大量资金并通过物流、信息化、种植养殖等领域的技术控制把自己推向价值链顶端。它是在用一个链条来和其他企业竞争，它已经在制高点了，同类企业就会很被动，因为我们缺少更大的战略自由度。就好像下棋一样，它是在谋局，目的不是赢你一招两招，它是在控局，这样它在这个行业就好玩了。模式的建立是一个漫长的过程，但是当它的模式建立完成的时候，它的物流体系是集约化的，这样一来它的实物流就会随之加快，它通过控制物流的流量和流速，变换节奏变化打法，使得整个市场按照的它的意愿来波动，因此它总是可以有良好的现金流做支撑。这就是麦当劳的商业模式。

【思考练习】

（1）商业模式创新的意义有哪些？

（2）如何制作商业画布，分为哪几个方面？

（3）从前面的商业创新案例中，你得到了哪些启发？

第9章　市场营销和财务融资

【引言导入】

当今，我们正经历着营销的时代，从本质上来讲，我们无时不在进行着营销，有人营销的是商品，有人营销的是服务，有人营销的是思想，有人营销的是战略。如果我们不是营销的施动方，那我们就一定是营销的从动方。无论是从动还是施动，只有当你要了解这个行业，知道营销的手段，才能掌握更大的主动性，提高胜利的概率，让企业持续运转下来。

而当企业运转到一定规模的时候，我们可能会面临需要更多的钱来运转企业的问题，要求我们用更多的钱去创建更大的价值，销售更多的产品，所以我们通过不同方式来筹集资金，而这个过程其实就是融资。所以，在本章我们将一起学习市场营销与财务融资。

【学习目的】

• 了解市场营销对创业的重要性

• 掌握营销策划方案的写作方法

• 了解创业财务指标重要性

• 掌握简单的财务指标计算方法

• 掌握创业计划书的作用、写作方法及注意事项

• 了解融资渠道，感受融资氛围，呈现项目

9.1　营销的力量

　　有时候我们会思考，什么才是营销？难道只是单纯地卖东西吗？并非如此，我们知道，商业的本质，其实是为用户创造价值。利润则是由于为更多的用户创造更大的价值时必然收获的结果。所以，市场营销的核心有两个。一个是定义价值，一个是传递价值。这其实对应品牌的硬件和软件。定义价值是指一个公司应该提供什么样的产品或服务，帮助人们完成什么样的任务，从而构成这个公司的核心价值以及存在的意义。传递价值是指一个公司如何让更多需要的人知道这种价值并使用。定义价值是指一个品牌的内核，或"硬件"。传递价值则是指一个品牌的传播和销售，或"软件"。由此，我们知道营销并非想象中那么简单，所以不同的人给出了不同的概念：

　　美国市场营销协会：市场营销是创造、沟通与传送价值给顾客，并经营顾客关系以便让组织与其利益关系人受益的一种组织功能与程序。

　　菲利普·科特勒：市场营销是个人和集体通过创造并同他人交换产品和价值，以满足需求和欲望的一种社会和管理过程。

　　格隆罗斯：市场营销，就是在变化的市场环境中，旨在满足消费需要、实现企业目标的商务活动过程，包括市场调研、选择目标市场、产品开发、产品促销等一系列与市场有关的企业业务经营活动。

　　从以上可以看出，营销在企业的发展中起着至关重要的作用，而它在创业过程中也具备非常重要的影响：

（1）它可以帮助企业进行准确的市场定位，从而顺利进入市场。

（2）也能使企业产品顺利进入市场销售，从而转变为企业资源。

（3）还能实现企业初期有限资源的效益最大化。

（4）降低企业风险，发现新的市场机会。

因此，市场营销的力量是巨大的，也是无穷的！

9.2　营销策划书的编辑

营销策划书是一种说服性材料，它通过使人信服的材料为提案者和接受方在营销策划的实施中提供了通用的语言（表 9-1）。

营销策划书包含的内容：5W1H1E

What——执行什么策划方案

Who——谁执行策划方案

Why——为什么执行策划方案

Where——在何处执行策划方案

When——在何时执行策划方案

How——如何执行策划方案

Effect——要有看得见的结论和效果

表9-1　营销策划书的结构

构成		内容	作用
	封面	方案名称、客户名称、策划人名称、提案时间、策划适用时间段等	策划书名牌
	摘要	策划案主要内容概述	方案精髓
	目录	策划提纲	构成框架
	前言	策划的背景、目的、方法、意义等的说明	背景与过程
	界定问题	明确策划主题与目标	策划任务
	环境分析	重要环境因素分析	策划依据
正文	综合分析	SWOT分析，分析优势、劣势、机会与威胁	提出问题
	营销目标	市场目标、财务目标等	明确营销目标
	营销战略	STP战略（市场细分、目标市场、市场定位）	总体布局
	营销组合策略	产品策略、价格策略、渠道策略及促销策略	具体对策
	执行方案	人员安排、道具设备、时间计划、地点选择	执行蓝本
	财务分析	费用预算、效益分析	可行性分析
	控制方案	执行控制、风险预测、应急方案	保障成功
	结束语	总结、突出、强化策划人意见	突出重点
	附录	数据资料、问卷样本及其他背景材料	提出可信度

主要步骤：

（1）构建框架。运用因果关系图（即树状图）列出关概念和框架，以描述策划整体构想，展示核心问题和解决问题的思路。

（2）整理资料。对资料加以整理、分类，再按照营销策划书的框架顺序填入。

（3）版面设计。

①确定版面的大小，每页标题的位置，页码的位置，目录的设计排列等。

②在标题前加上统一的符号或图案作为策划内容的视觉识别，可适当使用自行设计的文字符号等。

撰写技巧：

（1）前言的撰写概括性要强，可使用流程图或系统图。

（2）巧妙利用各种图表、图片，并辅以文字说明。

（3）策划书的各部分之间要做到承上启下，局部可用比较轻松的方式表述，注意版面的吸引力。

9.3　创业投资财务指标测算

众所周知，风险投资是创造美国硅谷奇迹的重要基石之一，而且风投的运作模式已经在全世界有效运行，包括中国在内的众多国家互联网产业突飞猛进的发展，都得益于这一投资模式。是否可以获得风投对于创业公司而言非常重要，那么具体的风险投资是什么？

风险投资定义：也称创业投资。根据全美风险投资协会的定义，风险投资是由职业金融家投入到新兴的、迅速发展的、有巨大竞争潜力的企业（特别是中小型企业）中的一种股权资本。相比之下，经济合作和发展组织的定义则更为宽泛，即凡是以高科技与知识为基础，生产与经营技术密集的创新产品或服务的投资，都可视为风险投资。

风险投资之所以在近半个多世纪以来发展迅速，风靡全球，是因为它具有以下几个方面的重要作用：

①风险投资在促进技术创新和增强国际竞争力方面的作用。

②风险投资在促进经济增长中的作用。

统计数据表明，风险投资在促进一国的经济增长、提高就业等方面起到了重要作用：

①企业成长快速。调查表明，接受调查的欧洲风险企业在1991～1995年，经济增长率明显高于同期欧洲500强公司。它们的销售收入年增长率达35%，一般为欧洲500强的两倍。

②创造了大量的工作机会。欧洲500强公司年就业增长率只有

2%，而风险企业却达到了 15%。

那么风险投资该如何确定资本需求？

（1）确定投资项目发展周期。投资项目发展周期是指项目从投资设想开始，经过可行性研究和设计、建设、生产，直到项目报废为止的整个发展过程。从投资活动的角度看，投资项目发展周期一般包括三个阶段，分别是投资前阶段、投资建设阶段和生产经营阶段。

（2）对自身项目估值。

（3）确定初始投资（根据不同项目需要，适时修改项目类别）。初始项目可能会有：场地租金，人员费用，机械设备，办公设施等，因此要确定其所需投资金额。

（4）预算成本：是指创业者需要列出公司启动的各种费用开支。

（5）确定资本需求的其他途径，分别有以下几种：

①正在运营公司的人；

②供应商渠道；

③行业协会；

④创业指南；

⑤特许经营组织；

⑥与创业起步相关的文章；

⑦商业咨询顾问。

1.创业投资财务报表与指标

财务报表是了解公司经营状况的重要信息来源，对财务报表进行分析可以更深入地了解公司的运营情况，发现一些深层次的问题，或者找到潜在的价值。财务报表分析往往成为投资人、管理者以及监管当局进行有关决策的重要依据。财务评价基本报表，主要有现金流量表、利润表以及资产负债表等。本章我们重点研究的是利润表。它是反映企业一定会计期间内（如月度、季度、半年度或年度）生产经营成果的会计报表，它也被称为损益表。全面揭示了企业在某一特定时期实现的各种收入、发生的各种费用、成本或支出，以及企业实现的利润或发生的亏损情况。

它的作用有：

①反映企业一定会计期间的收入实现情况；

②反映一定会计期间的费用耗费情况；

③反映企业生产经营活动的成果。

2. 净现金流量 NCF

净现金流量所反映的是企业在一定时期内现金流入和流出的资金活动结果。在数额上它是以收付实现制为原则的现金流入量和现金流出量的差额。其基本计算公式为：

净现金流量＝现金流入量－现金流出

3. 净现值 NPV

净现值是指将投资项目各年现金流入的现值之和减去现金流出的现值后的差值。净现值的法则即为：一项投资如果 NPV 是正的就值得投资，如果 NPV 是负数，就应舍弃。

公式：

$$NPV = CF_0 + PV = CF_0 + \sum CF_t / (1 + rt) t$$

式中：CF_t——第 t 期的现金流；

$\quad\quad CF_0$——初始投资额（通常为负数）；

$\quad\quad rt$——最低报酬率（贴现率）。

4. 投资回收期

投资回收期是指从项目的投建之日起，用项目所得的净收益偿还原始投资所需要的年限。投资回收期分为静态投资回收期与动态投资回收期（此处不讲）两种。

• 静态投资回收期

静态投资回收期是指以投资项目经营净现金流量抵偿原始投资所需要的全部时间。

公式：

PP＝最后一项为负值的累计净现金流量对应的年数＋最后一项为负值的累计净现金流量绝对值／下一年净现金流量

或 PP＝累计净现金流量第一次出现正值的年份 -1+ 该年初尚未回收的投资／该年净现金流量

5. 投资收益率

投资收益率又称投资报酬率（记作 ROI），是指达产期正常年份的年息税前利润或运营期年均息税前利润占项目总投资的百分比。

公式：

投资收益率（ROI）＝年息税前利润或年均息税前利润／项目总投资 ×100%

• 优点：

计算公式简单。

• 缺点：

没有考虑资金时间价值因素，不能正确反映建设期长短及投资方式不同和回收额的有无对项目的影响，分子、分母计算口径的可比性较差，无法直接利用净现金流量信息。

9.4   商业计划书

什么是商业计划书？商业计划书是融资方吸引投资者，全方位展示项目商业蓝图，以供投资者分析决策的报告。它包括投资者感兴趣的重要信息，从企业成长经历、产品服务、商业模式、战略规划、市场营销、管理团队、股权结构、经济效益到融资方案。

　　商业计划书的用途：一是项目融资，二是寻找合作伙伴。

　　当我们为了向投资者展现创业的潜力和价值，并说服他们对项目进行投资，此时需要为投资者提供一份商业计划书。它的起草与创业本身一样是一个复杂的系统工程，那么撰写商业计划书应注意的问题有哪些？根据总结，我们得出图 9-1 所示内容：

DO（要做的事）

- 让所有管理团队成员参与商业计划的准备。
- 计划要有逻辑、完整并有可续性—还要尽量短一些。
- 要投入大量时间和一定资金来准备该计划，表明对企业的责任心。
- 描述关键性的风险和假设，说明为什么在这些情况下还可以创办企业。
- 揭示并讨论企业中的所有现存问题或潜在问题。
- 确定几种可选择的融资源。
- 讲清楚要进行的交易：所有权股份的多少和投资者将怎么赢得利益。

DO（要做的事）

- 富于创造力地获得潜在投资者的关注和兴趣。
- 要记住计划并不等于事业，实施比计划的价值高得多。
- 一定要把接受订单和客户放在首位，即使那意味着你必须推迟计划的撰写，因为订单和客户将产生结果为正的现金流。
- 知道你的目标投资者群（eq：风险资本家、天使投资者、银行或租赁公司）以及他们真正想要的和不想要的，并相应地修改你的计划。
- 要将比较客观的市场和销售预期值作为财务报表假设条件。

DON'T（不要做的事）

- 管理团队中不要有无名的神秘人物（比如，"G先生"，现在是另一家公司的财务副总裁，以后将加入你的公司等
- 不要讲模棱两可、含糊不清和不能肯定的话，比如根据团队想达到的生产量来估计销售量。
- 不要用行话来描述技术产品或制造过程，或用只有专家才能理解的方式来描述，因为这会限制商业计划的用处。

DON'T（不要做的事）

- 不要把钱花在制作漂亮的小册子、精美的幻灯演示或其他"噱头"上——相反，只要显示"本质内容"就行了。
- 当你能签单收现金时，不要把实践浪费在撰写计划上。
- 当你只是和人握了一次手或达成口头协议，但钱并没有进银行之前，不要假定你已经做成了一笔买卖。（只有当支票兑现的时候买卖才算成了！）

图9-1　撰写商业计划书应注意的问题

以上都是需要我们注意的问题。下面要讲的则是具体撰写的一般步骤，它一共分为六部分：

步骤一：把信息细分成多个关键部分。

步骤二：列出必须完成的任务。

步骤三：把细分表和任务表结合起来，创建一个日程表。

步骤四：按以下框架建立并撰写一份商业计划书。

（1）封面。封面页包括公司名称、公司地址、公司电话号码、日期和发行的债券。通常，名称、地址、电话号码和日期在这页的中上部，发行的证券在底部。

（2）目录。目录中包含各部分及分部分内容列表、附录以及所在页码。

①执行摘要。通常此摘要简短而精练（一页或两页）。它讲述了商机条件是什么以及为什么存在这样的条件；谁来把商机付诸实施以及为什么这些人可以这样做；公司如何进入市场并进行市场渗透等。

②行业和公司及其产品或服务。需要考虑的主要因素是公司、产品和服务的理念，以及它如何面对所在的竞争行业。

③市场调研和分析。这部分信息必须支撑这样一个论断，即企业能在一个成长行业中攫取极大的市场份额，并从容应对竞争。鉴于市场分析的重要性以及商业计划的其他部分对该部分信息具有极大的依赖性，因此应花足够的时间来做好这部分。

④企业的经济性。经济和财务特征包括产生利润的表面金额和盈利的持久性，这些特点必须使商机看起来更有吸引力。企业的营运和现金转换周期、价值链等必须和商机以及计划中所确定的战略产生联系。

⑤营销计划。营销计划描述的是将如何达到预期销售状况。营销计划必须详细说明发掘商机和竞争优势的总体营销战略。它包括对销售和服务政策的讨论；定价、分销、促销和广告战略以及销售

预期。

⑥设计和开发计划。在产品和服务投入市场以前，必须详细考虑一切设计和开发工作的本质和程度，以及所需花费的时间和资金。这种设计和开发可能是将实验室原型转变为成品所必须的工程工作；是特殊工具的设计；是增加产品吸引力和销售力的工业设计；或是服务企业对雇员、设备和专门技术的识别和组织。

⑦生产和营运计划。生产和营运计划必须包括这样一些要素，如工厂选址、必须的设施类型、空间要求、资本设备要求和劳动力（兼职或全职）要求。

⑧管理团队。管理团队描述包括团队必须具备的职能，关键管理人员及其主要职责，企业的组织结构，董事会，所有其他投资者的股权状况等。

⑨总日程表。这张表显示了主要事件的时间和内在联系，这些是启动企业和实现企业目标的必要条件，企业的现金转换周期和营运周期将为这张表提供关键输入信息。

⑩关键风险、问题和假设。企业在发展中有风险，也有问题，商业计划总会包括与此相关的一些隐含的假设。识别并讨论你企业中的风向，可以证明你作为一名经理人的技能，并能增加你和你企业在风险投资者或私人投资者心目中的可信度。主动指出并讨论风险有助于向投资者表明，你已经考虑过它们并且有能力处理。

⑪财务计划。财务计划是评估投资商机的基础，并且它必须代表你对财务要求的最好估计。财务计划的目的是显示企业的潜力并提供一张财务生存能力的时间表。它还可以作为一份依据财务基准进行财务管理的营运计划。

⑫拟定的公司招股方案。这部分的目的是指出需要筹集的资金额和提供给投资者的证券性质和额度，简单描述筹集资金的用途，并大概说明投资者如何实现预期的回报率。

⑬附录。此处包括一些对商业计划主体来说过于广泛，但十分

必要的相关信息（产品说明书或照片、参考资料表、关键零部件的供应商、特定地点因素、设施或技术分析、顾问或技术专家提供的报告和各种关键法规审批、许可的复印件等）。

步骤五：整合各部分。

步骤六：获得反馈。

这六部分是商业计划书不可或缺的部分。

那么，撰写商业计划书对我们有什么帮助呢？通过总结，我们发现：

• 商业计划书就是创业团队的第一张脸，见商业计划书如见团队，第一印象很重要。

• 简约，但不简单。一份逻辑清晰、文字精练、观点鲜明、视觉美观的 PPT 会让你的项目从众多项目中脱颖而出。

• 创业团队必须要会写和会讲商业计划书 PPT。这个过程也是团队内部进一步统一思想、明确思路的过程。

9.5　创业融资方式

各位创业者是否了解在创业过程中如何获得创业融资？以下几种方式都是我们常见的融资方式：

（1）个人融资：个人资金永远都是创业资金的第一来源。个人资金是创业者本人所有的可用来启动企业的资金，具有使用成本低、得来容易和使用时间长的优势，通常是创业项目启动的全部或者大部分资金。

（2）亲戚朋友借款和投资：亲戚朋友的资金和个人资金有着相

似之处，和创业者的亲密关系使得创业者更容易低成本地获得和使用资金，一方面由于亲情，另一方面亲戚朋友对创业者本人和他的项目比较熟悉，双方都比较透明，一般风险投资中的信心不对称的情况在这里可以得到克服。

（3）天使投资：天使投资者是投资新企业的私人个体，典型的天使投资者是以前的创业者。美国天使投资对每个企业的投资一般在 1 万到 20 万美元之间，这些企业所在的地域与他们工作和生活的地点很近，他们也非常熟悉企业所处的行业。

（4）风险资本：风险资本是指由职业的创业投资者管理的专门进行创业投资的资本，可以分为专业风险投资公司、风险投资基金和大企业附属的风险投资公司三种。

（5）商业银行贷款：首先，银行偶尔为新企业提供标准的商业贷款，特别是企业产生了正的现金流并且创业者能用财产、设备和其他投资为这些贷款提供担保。商业贷款是一种融资方式，借款者要为借入资金支付利息。其次，银行有时候为新企业提供信用额度或协议，允许创业者在需要资金的任何时候以某一特定利率借入固定数量的资金。

（6）政府项目：政府和一些民间的非营利组织也是创业资金的重要来源。政府根据相关法律政策，对于一定阶段内有很好发展前景的，对相关领域有重大影响的创业项目提供直接资金支持，这些资金的使用成本通常较低，但数目不大，也只能在特定阶段使用。

那么风险投资者在投资时都需要注意哪些问题呢？他们不仅要关注市场前景，商业模式，回报率，还要关注创业者是否把商业战略决策和财务计划、财务可选方案联系起来，将融资与商业模式相结合。所以创业融资必须要遵循及时性、低成本、低风险的三大原则。

（1）及时性原则：企业的经营是有很强的时效性的，创业者在制定融资策略的时候，必须预测到企业每个阶段的资金需求，提前做好准备。同时，也要准备一定数量的储备融资渠道。

（2）低成本原则：融资是需要成本的，在同等情况下，创业者在融资的时候应该首先选择那些所需成本较低的融资渠道。这里所说的融资成本，还应当考虑投资者所能带来的管理、经营网络、技术和社会资本。

（3）低风险原则：企业在确定每一阶段的融资策略的时候，必须首先考虑较稳定、变数较小的融资来源，如有抵押的银行贷款等。而风险较大、不确定性较强的融资渠道，只能作为备用融资渠道。

【课堂设计】

课堂设计一：撰写一份商业计划书进行路演

设计内容：

一个团队制作一份商业计划书，并拍摄成路演视频。计划书要求包括以下内容：

一份有吸引力的商业计划书，应该包括十大亮点：

1-基本概况	2-管理团队	3-产品服务	4-商业模式（含盈利模式）
5-股权结构	6-财务分析	7-投资决策	8-融资决策
9-入股方式与股权分配	10-报酬预估		

路演准备过程：

准备路演 PPT

准备对应演讲文字稿

反复练习，要求加上肢体动作

选择合适演讲人，主讲人数量只能有一个

最后问答环节由 CEO 控制

设计目的：

为了让学员把前期学习内容相结合，更加模拟真实的商业环境，对商业计划书与路演有一个更深刻的体会。

教师指导：

- 注意学员回答问题的逻辑思维是否正确
- 给出相应的指导与修改方案
- 注意对每组学员所需时间的把控

【知识链接】

加多宝营销案例

凉茶是广东、广西地区的一种由中草药熬制，具有清热祛湿等功效的"药茶"。王老吉凉茶发明于清道光年间，至今已有 175 年历史，被公认为凉茶始祖，有"药茶王"之称。

20 世纪 50 年代初，王老吉凉茶铺分成两支：一支完成公有化改造，发展为今天的广州王老吉药业股份有限公司（简称广药），生产王老吉凉茶颗粒（国药准字）；另一支由王氏家族的后人带到香港。

在中国大陆，王老吉的品牌归广药所有；在中国大陆以外的国家和地区，王老吉品牌为王氏后人所注册。加多宝是位于东莞的一家港资公司（鸿道集团），经王老吉药业特许，由香港王氏后人提供配方。该公司在中国大陆地区独家生产、经营王老吉牌罐装凉茶（食字号）。

鸿道集团依靠"怕上火，喝王老吉"的精确定位和营销攻略，使得红罐王老吉销售火爆，并在 2008 年的汶川地震中凭借慈善营销一举达到顶峰。2009 年红罐王老吉在中国市场销售额 160 亿元，超过可口可乐的 150 亿元，成为中国饮料的第一品牌。这让广药集团不由得眼红起来，推出由广药生产的绿盒王老吉，希望借助鸿道出厂的红罐王老吉之名在火热的凉茶市场分一杯羹。同时，鸿道集团租赁广药的王老吉商标使用权期限已到。广药决定收回王老吉商标使用权，再以更高的价格转给其他企业。而鸿道不愿意看到由自己辛苦培养出的知名品牌就这样沦入他人之手。于是，打出自己的凉茶品牌——加多宝。

加多宝和红罐王老吉相比，原料、配方完全一样，就连包装也是一样的红色，唯一不一样的就是名字和厂家。随后，加多宝和王老吉展开了激烈的市场之争。

在这场王老吉与加多宝的竞争中，加多宝占绝对上风。王老吉品牌之战虽然是以广药集团胜利告终。然而事实证明：加多宝通过渠道和品牌营销策略成为真正的赢家。加多宝的营销策略具体可以分为：

品牌定位——差异化营销：去"王老吉化"战略

在商标之争出现后，加多宝知道多年精心打造的"王老吉"品牌不得不以最快速度去"王老吉化"。于是在广药忙着打官司的同时，加多宝已经从渠道到终端，开始了去"王老吉化"，一场新的品牌重塑行动拉开序幕。先是在王老吉红罐装的一面上加大"加多宝"字样；接着从2012年3月起，在其最新的广告宣传上，取消"王老吉"相关的字眼，代之以"加多宝出品"字样；2012年4月20日起正式去掉瓶身上的"王老吉"三字。

其次，广告方面变更为"正宗凉茶，加多宝出品"，为自己产品的"正宗"大力宣传，加多宝利用斥巨资的广告投入对"加多宝出品正宗凉茶"这一理念进行广告轰炸传播，加速去"王老吉"化。

最后，加多宝早早对正宗凉茶的配方进行了改良与深加工，从本质上实现去"王老吉化"。使消费者能很自然地从王老吉过渡到加多宝，牢牢吸引住原有消费群体，积极吸纳更广泛的消费群体。

品牌宣传——多种营销手段结合

首先，加多宝不仅在凉茶饮料货柜上大面积铺货，还设立单独的品牌货柜在饮料区展示，用抢眼的陈列方式与促销活动吸引消费者的关注。

其次，加多宝在开展电视、地铁广告、发布会等传统营销传播活动外，也同时注重通过 QQ、微博等社会化媒体获取消费者支持，从而打造一个立体传播策略，全方位阻击王老吉的消费导向。

2012 年 5 月，加多宝冠名浙江卫视《中国好声音》，在广告里反复强调它是"正宗凉茶"，随着《中国好声音》的火爆，也带红了加多宝，使它人气暴增，打了品牌重塑的漂亮一战。同一时间，加多宝还赞助了湖南卫视的《向上吧，少年》等节目，观众可以在几乎每个重要的卫视频道、重要的黄金时间段能看到加多宝的广告。

渠道之争

加多宝在渠道之战中有着先天的优势与经验。加多宝的销售网络组织相对扁平，这使得总部指令可快速传递到业务员层级：五大销售分公司以下是约 50 个销售大区，大区下辖约 500 个办事处，办事处管理着 8000 位业务员，其业务员经常到终端拜访，一天要拜访约 40 个终端点，每个终端一周至少拜访一次作为循环。对于这家处在特殊时期的公司，这些高效率的业务员至关重要。通过他们，各个渠道终端被第一时间告知加多宝的动态，减少了因混乱带来的销售损失。

此外，加多宝在每个省设一个总经销商，总经销商可发展多个经销商、邮差商。在经销商完成销售任务后，总体上能够保证每箱 5 元左右的利润，邮差商获得每箱 4 元的利润；而零售商则为每瓶 1 元。为了保证资源能够真正到达终端，加多宝还设立了一个独立的监察部直接面向董事会和办事处。

最终，重视细节与每一个基础零售点，关注每一位业务员的加多宝，在渠道之战中大获全胜。

法律之争——主动侵权策略

加多宝作为一个新品牌，必须主动侵权方可与原来的王老吉挂钩，让公众认知加多宝就是王老吉。其策略包括：

（1）产品侵权。加多宝推出大量的一面王老吉、一面加多宝的产品，向经销商大量压货，以达到品牌转换认知，最后狠赚一笔王老吉产品的钱以及在渠道上顶住广药新品的一箭三雕的效果；

（2）宣传侵权。加多宝通过广告引导消费者和公众认定加多宝就是以前的王老吉，并通过经销商、人海战术来宣传"更名"。有的在货架上贴上"更名"告示，有的经销商反复向要购买王老吉的消费者解释"更名"并用加多宝产品取代王老吉卖给消费者。

（3）法律策略。加多宝在与王老吉的品牌之争中败下阵来，但其策略并不是要打赢官司，而是要增加曝光度，让加多宝与广药的官司天下皆知，以达到"悲情"效果，让消费者了解"王老吉"背后的故事并接受加多宝为"王老吉"立下汗马功劳的事实，从而获得消费者的同情和支持。

由此可见，加多宝虽然在品牌之争中落败，但却在营销之战中成功转型，从而树立起自己的品牌，成为凉茶市场上的"王者"。

教师引导：

加多宝华丽转型原因何在？

让学员们了解市场营销对创业的重要性。

参考答案：

①市场定位够准确；②渠道覆盖够全面；③品牌传播力度大；④面对危机主动应对。企业只有努力更新营销观念，不断进行营销创新，才能在市场竞争中赢得机遇与主动权，使企业获得持续的生产和发展。

【拓展阅读】

携程旅行网案例

携程旅行网（以下简称携程）创立于 1999 年，总部设在中国上海，目前已在北京、广州、深圳、成都、杭州、厦门、青岛、南京、武汉、沈阳 10 个城市设立分公司，员工 7000 余人。作为综合性在线旅行服务公司，携程向超过 2000 万注册会员提供包括酒店预订、机票预订、度假预订、商旅管理、特约商户及旅游资讯在内的全方位旅行服务。从创立到 2003 年年底海外上市，携程利用国际风险投资资本和国际风险投资工具，借助股权私募基金的力量实现了公司的跳跃式发展。

第一步：创建携程，吸引 IDG 第一笔投资 50 万美元

1999 年 4 月，创始人梁建章、沈南鹏、范敏、季琦四人成立携程香港公司，注册资本约 200 万元人民币，公司的股权结构完全以出资的比例而定，沈南鹏是最大股东。携程在国内的业务实体携程计算机技术（上海）有限公司早在 1994 年就已成立，携程香港公司成立后，以股权转让形式 100% 控股携程上海公司。1999 年 10 月，在携程网站还没有正式推出的情况下，基于携程的商业模式和创业团队的价值，最早进入中国市场的美国风险投资公司之一，IDG 技术创业投资基金（IDGVC Partners，以下简称 IDG）凭借携程一份仅 10 页的商业计划书向其投资了 50 万美元作为种子基金。作为对价，IDG 获得了携程 20% 多的股份。在携程随后进行的每轮融资中，IDG 都继续跟进。

第二步：吸引软银等风险投资 450 万美元，携程集团架构完成

2000 年 3 月，携程国际在开曼群岛成立。由软银中国创业投资有限公司（以下简称软银）牵头，IDG、兰馨亚洲投资集团（以下简称兰馨亚洲）、Ecity Investment Limited（以下简称 Ecity）、上海实业创业投资公司（以下简称上海实业）五家投资机构与携程签署了股份认购协议。携程以每股 1.0417 美元的价格，发售 432 万股"A 类可转可赎回优先股"（有投票权，IPO 时自动转为普通股）。其中，除 IDG 追加投资认购了 48 万股以外，软银认购 144 万股；兰馨亚洲认购 92.16 万股；Ecity 认购 96 万股；上海实业和一些个人股东认购 48 万股。本次融资共募得约 450 万美元。随后，携程国际通过换股 100%控股携程香港。这样，携程的集团架构完成，为携程以红筹模式登陆外证券市场扫平了道路。

第三步：引来美国凯雷集团等机构的第三笔投资

2000 年 11 月，凯雷等风险投资机构与携程签署了股份认购协议，以每股 1.5667 美元的价格，认购了携程约 719 万股"B 类可转可赎回优先股"。其中凯雷亚洲创投 I（以下简称凯雷）认购约 510 万股，投资额约达 800 万美元，取得约 25%的股权；而软银、IDG 和上实业则分别增持约 64 万股、41 万股和 83 万股；兰馨亚洲增持了约 18 万股。至此，携程完成了第三次融资，获得了超过 1000 万美元的投资。

第四步：吸引老虎基金。PRE-IPO 投资 1000 万美元，提升国际投资者的认可度

2003 年 9 月，携程的经营规模和盈利水平已经达到上市水平，此时取得了上市前最后一轮 1000 万美元的投资，携程以每股 4.5856 美元的价格向老虎基金发售 218 万股"C 类可转可赎回优先股"。这笔投资全部用于原有股东包括凯雷、IDG、上海实业及沈南鹏、季琦等创始人等的套现退出。携程以每股 4.5283 美元的价格赎回普通股和 A 类可转可赎回股票共约 122 万股，以每股 6.7924 美元价格赎回约 64 万股 B 类可转可赎回股票。对于准备在美国上市的携程来说，能在上市之前获得重量级的美国风险投资机构或者战略投资者的投资，对于提升公司在国际投资者的认可度有着非常大的帮助。

第五步：登陆纳斯达克市场，私募完成增值

2003 年 12 月 9 日晚 11 时 45 分（美国东部纽约时间 12 月 9 日上午 10 时 45 分），携程国际（股票代码：CTRP）以美国存托股份（ADS）形式在美国纳斯达克股票交易所（NASDAQ）正式挂牌交易。本次携程共发行 420 万股 ADS，发行价为每股 18 美元，其中 270 万股为新发股份，募集资金归携程；150 万股为原股东减持套现，募集资金归原股东。扣除承销等各项费用，携程得款 4520 万美元，占 IPO 总额的 60%；原股东得款 2511 万美元。

IPO 后，携程总股本 3040 万股，市值约 5.5 亿美元。上市当天，携程以 24.01 美元开盘，最高冲至 37.35 美元，最终以 33.94 美元的价格结束全天的交易，收盘价相对发行价上涨 88.56%，一举成为美国资本市场 2000 年 10 月以来首日表现最好的 IPO。

【思考练习】

（1）携程是如何用风险投资迅速扩张的？

（2）市场营销与企业融资之间的关系是什么？

（3）如何设计一份商业计划书？

参考文献

[1] 李萍，纪尚革，孔飞.“互联网+”时代背景下大学生创新创业思考 [J]. 课程教育研究，2018（6）：4-5.

[2] 周益峰.高职数学教学和创新设计的渗透 [J]. 现代职业教育，2017（22）：132-133.

[3] 张汀.双渠道下的市场营销策略 [D]. 合肥：中国科学技术大学，2017.

[4] 胡晓敏，章国琴.基于团队角色理论的大学生创客团队建设研究 [J]. 改革与开放，2017（7）：125-126.

[5] 陈崖枫.透视市场调研 [J]. 企业管理，2017（3）：84-87.

[6] 彭欣.社交媒体环境下企业市场营销策略研究 [D]. 武汉：武汉纺织大学，2017.

[7] 胡晓军.创客课程资源建设：学习环境的视角 [J]. 江苏教育，2016（43）：27-30.

[8] 钱正红.互联网时代的企业财务融资方法探讨 [J]. 企业改革与管理，2016（17）：134+200.

[9] 方慧.大学生公益创业者素质特征模型构建 [J]. 中国人力资源开发，2016（18）：59-67.

[10] 周建波.创业项目选择互联网众筹影响因素研究 [J]. 科技进步与对策，2016，33（17）：31-36.

[11] 汪端德.大学生在“互联网+”时代的创新创业研究 [D]. 武汉：华中科技大学，2016.

[12] 王玥.共享经济，新商业画布正在打开！ [J]. 商学院，

2015（10）：98.

[13] 单标安，陈海涛，鲁喜凤等.创业知识的理论来源、内涵界定及其获取模型构建 [J].外国经济与管理，2015，37（9）：17-28.

[14] 刘俊霆.企业生命周期视角下的创业者素质及其评价研究 [D].鞍山：辽宁科技大学，2015.

[15] 顾旭泽.互联网中的企业财务融资创新 [J].中国管理信息化，2015，18（5）：69-70.

[16] 池正玉，黄雨桐.大学生创业项目选择影响因素研究 [J].吉林省经济管理干部学院学报，2015，29（1）：143-146.

[17] 胡焱红，李玉海.基于 PEST 分析法的网络教育新环境研究 [J].高等继续教育学报，2015，28（1）：36-40+45.

[18] 朱益新.长尾理论视角下的大学生创业项目选择 [J].创新与创业教育，2014，5（6）：52-54.

[19] 吕中起.以创新教育培养多样化职业教育人才 [J].江苏教育，2014（32）：20-21.

[20] 徐黎明.企业如何有效规避财务融资风险 [J].中国乡镇企业会计，2014（8）：22-23.

[21] 严然.基于 ANP-BOCR 方法的波特五力模型研究 [D].昆明：昆明理工大学，2013.

[22] 王泓.以商业模式画布为工具的商业模式设计 [J].中外企业家，2013（19）：3+5.

[23] 刘宇璟，陈正悦，焦曼.基于胜任力理论的创业者素质及开发研究 [J].中国人力资源开发，2013（11）：95-98.

[24] 陈丹.波特五力模型分析研究——以长春星巴克咖啡为例 [J].东方企业文化，2013（9）：89.

[25] 白明垠.变革型领导、团队学习与团队绩效：模型与机理 [D].武汉：中国地质大学，2013.

[26] 刘卫星.商业模式对企业绩效影响的实证研究 [D].大连：大连理工大学，2013.

[27] 邓蓉敬.戴维·麦克利兰：成就激励大师 [N].学习时报，2013-04-08（006）.

[28] 王冰.创业团队异质性、团队氛围与创业绩效关系研究 [D].长春：吉林大学，2012.

[29] 张敬伟.商业模式构建视角下新企业成长过程研究 [D].天津：南开大学，2012.

[30] 雷培莉，杨金月，曹建华等.中国大学生创业成功和失败案例分析——以蒂蒙斯模型分析 [J].经济研究导刊，2012（12）：122-123.

[31] 白凯，李建玲.国外关于创业者素质特征研究现状述评 [J].中国青年研究，2012（4）：80-83.

[32] 薛继东，李海.团队文化和领导方式对团队创新的影响及其机制 [J].北京师范大学学报：社会科学版，2012（2）:102- 113.

[33] 王年军.大学生创业团队的理论与实证研究 [D].武汉：武汉理工大学，2012.

[34] 杨艳.模糊综合评判法在大学生创业项目选择中的应用 [J].项目管理技术，2011，9（12）：51-56.

[35] 李佳.在线市场调研系统设计与实现 [D].长沙：湖南大学，2011.

[36] 宋山梅.创业者素质及其培养方式探析 [J].文教资料，2011（16）：137-139.

[37] 刘消寒.企业文化、企业创新动力与创新能力的关系研究 [D].长春：吉林大学，2011.

[38] 李朝波.团队角色理论在团队建设中的应用研究 [D].南京：南京师范大学，2011.

[39] 齐严.商业模式创新研究 [D].北京：北京邮电大学，2010.

[40] 豆红莲. 创业投资项目选择评价研究 [D]. 秦皇岛：燕山大学，2010.

[41] 田玲. 顺通公司创业团队管理研究 [D]. 兰州：兰州大学，2010.

[42] 毛翠云，梅强. 创业者素质模型与综合测评方法 [J]. 统计与决策，2009（24）：59-61.

[43] 孙鹏飞. 基于 GE 矩阵分析法的我国网络视频行业发展状况研究 [J]. 科技传播，2009（10）：7-9.

[44] 蒋雪湘，胡久刚. 基于马斯洛需求层次论对企业员工激励的探讨 [J]. 湖南师范大学（教育科学学报），2008（5）:121-123.

[45] 王立海，任增杰. 浅谈赫兹伯格双因素激励理论对企业员工的激励作用 [J]. 商业经济，2008（2）：108-110.

[46] 金丽丽，黄琦，田兵权. SWOT 分析法在项目风险管理中的应用 [J]. 科技与经济，2007（1）：55-58.

[47] 李乾云. 浅谈运用马斯洛需求层次论激励员工 [J]. 希望月报（上半月），2007（1）：34+85.

[48] 姜军，蒋士杰，陈德棉. 不同视角下的创业者素质研究：文献综述 [J]. 现代管理科学，2005（6）：17-19+12.

[49] 李利，王锐兰，韦蔚. 团队文化对团队绩效的影响 [J]. 中国人力资源开发，2005（2）：30-32+47.

[50] 杨俊卿，于丽贤. 赫兹伯格双因素激励理论与企业管理 [J]. 辽宁师范大学学报：自然科学版，2004（3）：285-287.

[51] 邱冠华，张金隆. "木桶原理"与企业资源配置的四象限分析方法 [J]. 武汉理工大学学报（信息与管理工程版），2003（5）：81-85.

[52] 潘学志. 市场调研的发展与应用 [D]. 重庆：重庆大学，2003.

[53] 张剑锋. 浅析团队角色理论及其指导性 [J]. 青海师专学报，2002（1）：120-122.

[54] 冯丽云 . 市场调研在企业营销管理中的应用 [J]. 数量经济技术经济研究，2001（11）：121-124.

[55] 金安迪，傅雁 . 企业集团长期财务融资规划模型 [J]. 当代经济科学，1996（5）：59-64.

[56] 关力 . 麦克利兰和阿特金森及其成就需要理论 [J]. 管理现代化，1988（01）：48-49.

[57]Promoting clean energy technology entrepreneurship: The role of external context[J]. Joel Malen, Alfred A. Marcus. Energy Policy.

[58]Organizational slack, national institutions and innovation effort around the world[J]. Joel Malen, Paul M. Vaaler. Journal of World Business.

[59]Zhang Xin, Cook Penny A, Jarman Ian et al. Area effects on health inequalities: The impact of neighbouring deprivation on mortality.[J]. Health & Place, 2011, 17（6）.

[60]Fan Lihong, Dang Xiaoqian, Shi Zhibin et al.. Hydroxysafflor yellow a protects PC12 cellsag ainst the apoptosis induced by oxygen and glucose deprivation.[J]. Cellular and Molecular Neurobiology, 2011, 31（8）.

[61]Zhao Yantao, Zhong Wei, Sun Xiuhua et al.. Zinc deprivation mediates alcohol-induced hepatocyte IL-8 analog expression in rodents via an epigenetic mechanism.[J]. The American Journal of Pathology, 2011, 179（2）.

[62]Allender Steven, Scarborough Peter, Keegan Thomas et al. Relative deprivation between neighbouring wards is predictive of coronary heart disease mortality after ad justment for absolute deprivation of wards.[J]. JECH Online, 2011.